MEIN WALDVIERTEL

MICHAEL KOLM
LORENZO MORELLI

RENÉ VAN BAKEL
Konzept und Fotos

MEIN WALDVIERTEL

100 KÖSTLICHE REZEPTE
NEU INTERPRETIERT

pichler verlag

INHALT

In der Regel gelten die Rezepte für 4 Personen

Bar | Restaurant
BÄRENHOF

DIE DÜFTE EINES UNVERFÄLSCHTEN WALDVIERTELS:

GRENZENLOS MODERN

Michael Kolm kann man als kulinarischen Seiltänzer der Waldviertler Landschaft bezeichnen, hoch hinauf, geprägt durch kulinarisch kreative Leichtigkeit, und doch ohne den Blick auf den Boden der Realität, auf sein Terroir zu verlieren.
Ein Terroir, das er aus seiner Kindheit als selbstverständlich kennt, welches er allerdings mit ganz anderen Augen betrachtet, seit er, als fertiger junger Mann, nach Jahren der Ausbildung und Arbeit in Haubenrestaurants, in die etwas abgelegene Heimat zurückgekehrt ist: wie in ein geschütztes Eldorado der unverfälschten Produkte.

Hier in dieser grandiosen, mystischen, aber auch manchmal schroffen Landschaft, oft von Einsamkeit geplagt, von Winden verweht oder vom Nebel geprüft, lebt es sich etwas langsamer, in einer Art Besinnlichkeit, einer wohltuenden Originalität, die man in den Lebensmitteln erkennt bzw. schmeckt.
Michaels Rückkehr ist keineswegs ein Endpunkt, sondern vielmehr der Anfang einer Entdeckungsreise, die fasziniert durch Eindrücke und durch eine Vielfalt an Viktualien, die Michael hier aufspüren kann, ob Fisch oder Fleisch, Käse oder Schinken, Bier oder Säfte.

Dennoch ist Michaels Küche keine Anthologie bodenständiger Waldviertler Rezepte, sondern eine überzeugt zeitgenössische und fantasievolle Küche, verwirklicht mit kontemporären, produktschonenden Techniken, bloß inspiriert von der Waldviertler Kochtradition und ihren Produkten. Inspiration ja, aber als Genießer beschränkt Michael seine Küche nicht auf die Viktualien seines Terroirs, sondern er lässt seine Rezepte wachsen, lässt seiner Fantasie und seinem Gaumen freien Lauf und bereichert seine Gerichte mit impressionistischen Akzenten! Gemeint ist Offenheit, Vielfalt an sinnlichen Eindrücken, aber keine geschmackliche Fusion!

Michael überlagert oder verfälscht seine Produkte nicht, er bewahrt ihren Charakter, respektiert ihre innigen Qualitäten, ihre Düfte und bereichert sie aber wie ein impressionistischer Maler, indem er immer diesen puren Eindrücken weitere Noten gegenüberstellt, welche dann in ihrem Zusammenspiel, wie man es aus der Komposition der Farben bei einem Matisse oder Monet kennt, eine neue sinnliche, hier geschmackliche Realität ergeben.
So entdeckt man bei jedem Gericht, abgesehen von den Hauptzutaten, eine weitere sinnliche Ebene, vielleicht eine andere Temperatur oder eine weitere geschmackliche Haptik – so wie Karpfentatar mit Roten Rüben und Apfelschaum oder Paprikakraut, karamellisierter Schweinebauch und frittierte Calamari oder auch Reisfleisch mit gebratenen Garnelen …
Und somit verwandelt sich jedes Gericht in eine kleine sinnliche Reise: einen fantasievollen Gaumenstreifzug durch das ewige Waldviertel.

Lorenzo Morelli

ESSBARES WALDVIERTEL!

Es sind nicht die mysteriösen Wackelsteine, nicht die tiefen Wälder, nicht die sanften Hügel, nicht die klaren Teiche, nicht die belebenden Gewässer, nicht die dunklen Moore, nicht die majestätischen Burgen, welche die Einzigartigkeit des Waldviertels ausmachen.
Nicht oder zumindest nicht nur.
Vielmehr sind es die Menschen, die diese außergewöhnliche Region prägen, besonders wenn es um Kulinarik und um Genüsse geht. Seit mindestens drei Jahrzehnten steht dieses sattgrüne Hochland am österreichischen kulinarischen Firmament, wenn es um ausgefallene Beefs, Fische, Gemüse oder Käse geht. Diese Viktualien werden wie Geheimtipps gehandelt, welche man oft über seltsame Kanäle wie eine exquisite und seltene Schmuggelware bis zu den Wohnungen der Großstadtbewohner befördert!
Wir möchten hier von diesen so einmaligen Produzenten erzählen, regional verankerten Individualisten und Naturfanatikern, die zuerst die Küche von Michael jeden Tag von neuem wieder möglich machen, aber auch selbstverständlich mit ihrer subtilen Art die natürlichen Ressourcen respektieren, mit diesen im Einklang leben und produzieren, auch den Speisezettel und das Leben von vielen Gourmands bereichern und schließlich die Atmosphäre des Waldviertels so bemerkenswert machen.
Wir sprechen also von oft skurrilen, aber immer fantasievollen, unschätzbaren und schmackhaften Waldviertler Erfolgstorys.

MICHAEL KOLMS LIEFERANTEN

Eine dieser Storys ist jene von Robert Paget, einem damals jungen Biologieprofessor, welcher in den 70er-Jahren seine Karriere an den Nagel hängte, um mit Frau und Kindern im Kamptal eine Idee, eine Sehnsucht zu verwirklichen: den Wunsch, einer vollkommen anderen Lebensart im Einklang mit der Natur zu frönen. Am Beginn standen eine innere Suche und viele Versuche als Selbsterzeuger, aber bald bestimmte Roberts Begeisterung für Käse den Weg: Er wurde Käsemacher, einer der ersten Ziegenkäsemacher einer neuen Generation!
Ich erinnere mich an die Anfänge, an den wunderschönen Hof mit großer Arkade, den wildschönen Innenhof, an das Musikzimmer mit Stutzflügel und Cello unten im Haus, natürlich an seinen Stall mit den Ziegen. Ich erinnere mich aber in erster Linie an die wunderbare wildnussige Aromatik des Käses. Bald fuhr Robert jede Woche nach Wien, um seinen Rohmilch-Ziegencamembert in die besten Gourmethäuser der Stadt zu liefern.
Vor etwa zehn Jahren begann Robert ein neues Abenteuer mit seinen Wasserbüffeln, einer seit mindestens einem Jahrhundert in Österreich verschwundenen Tierart.
Käse aus Büffelmilch zu erzeugen schien zuerst ein Ding der Unmöglichkeit, und es war jedenfalls ein steiniger Weg, anfangs natürlich mit Behörden und nicht ohne Genehmigungen ... Aber die Begeisterung für Käse machte es möglich. Das Resultat ist, dass Robert heute weltweit den einzigen Camembert aus Büffelmilch herstellt!
Ein weiterer Nonkonformist ist Johannes Gutmann, der 1988 als Einmannbetrieb, als Widerstreiter gegen die übermächtigen internationalen Konzerne eine Waldviertler Bioteefirma (Sonnentor) mit einem vollkommen neuen Konzept gründete. Er verpflichtete dafür kleine Vertragsbauern der Region, vorwiegend um Zwettl, die Kräuter in biologischer Qualität für seinen Betrieb liefern und mit denen er auf einer Basis des gegenseitigen Vertrauens und Respekts zusammenarbeitet. Eine wertvolle menschliche Verbindung, die bis heute aufrechtgeblieben ist.
Weitere unschätzbar wertvolle Lieferanten sind auch Beate und Walter Brenner, die, als sie 2005 ihren bäuerlichen Betrieb übernahmen, sofort auf Bioproduktion umstellten und sich auf die Suche nach authentischeren, interessanteren

Geschmäcken machten. So spezialisierten sie sich auf alte Getreidesorten wie Dinkel und Einkorn (überhaupt die älteste Getreideart) oder Emmer, auch Zweikorn genannt (ebenso eine der ältesten Getreidearten), sowie auch Waldstaudenkorn, eine Waldviertler Spezialität. Michael verwendet das sehr schmackhafte Einkorn, um damit unter anderem eine Art Risotto zuzubereiten.

In ähnlicher Weise ist die Besinnung auf Qualität bzw. auf sensorische Qualitäten auch bestimmend für Leben und Arbeit der „Staudenbauern" Maria und Fritz Kurz – direkte Nachbarn des Bärenhofs, die seit Generationen Erdäpfel produzieren, und zwar nicht neue ertragreichere, sondern nur klassische schmackhafte Sorten wie die alte, leider selten gewordene Sieglinde. Wer hier schmunzelt, den muss ich fragen: Wo sonst kriegt man heute noch Sieglinde?

Um den Roggenhof von Johann Haider rankt sich ebenso eine dieser skurrilen und so einzigartigen Waldviertler Storys. Dort befindet sich die erste Whiskydestillerie Österreichs (seit 1995) und diese verfügt nicht nur über eine eigene Wasserquelle, sondern verwendet auch ausschließlich Roggen und Gerste aus der Region und – wie ihre besten schottischen Vorbilder – zur Feuerung eigenen Torf aus der direkten Umgebung. Schließlich sind die Whiskyfässer, in denen der Whisky mindestens drei Jahre lagert, aus Manhartsberger Sommereiche. Es handelt sich also wirklich um echten Waldviertler Whisky!

Ebenfalls Gerste aus der unmittelbaren Umgebung, aber auch Hopfen und natürlich Wasser verwendet Karl Schwarz' Zwettler Familienbrauerei. Ein echtes Familienunternehmen, dessen Geschichte bis zu den Anfängen des 18. Jahrhunderts zurückreicht und das noch immer als solches geführt wird, was die Möglichkeit schafft, Biere mit viel mehr Charakter und Persönlichkeit zu brauen, als Konzerne ohne direkte Entscheidungsträger es jemals vermögen. Die Brauerei beliefert übrigens den Bärenhof seit mehr als 60 Jahren.

Auch Peter Paffrath (Peter's Land) gehört – wie Michael Kolm meint – zu der Kategorie „unverbesserlicher Besessener"! Vor etwa zehn Jahren hat er als völliger Quereinsteiger angefangen, Teiche anzulegen. In diesen verfügen seine Fische (Karpfen, Wildkarpfen, Zander, Wels, Hecht usw.) über mindestens zehn Kubikmeter Wasser pro Exemplar und wachsen, völlig ohne tierisches Eiweiß, nur mit feinstem zertifiziertem Biogetreide als Futter heran, welches er zum Teil selbst anbaut! Das Resultat sind großartige Fische in einer wirklich einmaligen Qualität und mit einer unvergleichlichen Aromatik.

Johannes Hirsch ist für Michael eigentlich ein Freund der ersten Stunde, auch er gehört zu diesen unverbesserlichen Regionalitätsfanatikern und konzentriert sich auf die typischen Rebsorten Veltliner und Riesling. Amüsant ist in diesem Zusammenhang, dass er bei der Gartenarbeit nur den Kompost von Robert Paget verwendet, womit sich der Waldviertler ökologische Kreis schließt!

Anders als viele Kollegen, bei welchen der Schwerpunkt auf voluminösen Kreszenzen liegt, sind die Weine von Johannes vielschichtige, leichte, trinkbare Tropfen, welche man als perfekte freudvolle Speisebegleiter verstehen soll. Weine voller Leichtigkeit, also voller Esprit, bei welchen man aber unbeirrbar das Terroir erkennt.

Eine Frage kann ich dem Leser zum Abschluss angesichts der Vielfalt der Produkte und der Individualität der Produzenten kaum ersparen: Wozu braucht der Michael, wenn er ohnehin über so viele tolle Zutaten verfügt, überhaupt noch so ausgefallene Rezepte?

VORSPEISEN

BÄRLAUCH-VERHACKERTES

ZUTATEN

100 g Frühstücksspeck
100 g Waldviertler Prosciutto (Fichtenbauer, Gmünd)
100 g kalter Schweinsbraten
1 Zwiebel (ca. 80 g)
1 Knoblauchzehe
50 g frischer Bärlauch
3 EL Sauerrahm
1 Spritzer Worcestersauce
1 Spritzer Tabasco
Salz, Pfeffer

ZUBEREITUNG

- Die Zwiebel schälen und grob vierteln. Knoblauchzehe schälen. Frühstücksspeck, Prosciutto und Schweinsbraten in dicke Würfel schneiden. Speck, Prosciutto, Schweinsbraten, Zwiebel, Knoblauch und Bärlauch in einer Schüssel mischen und durch die feine Scheibe des Fleischwolfs faschieren. Eventuell ein zweites Mal faschieren.
- Mit Sauerrahm vermengen, die Masse sollte zu diesem Zeitpunkt eine cremige Konsistenz haben. Mit Salz, Pfeffer, Tabasco, Worcestersauce abschmecken, in kleine Rexgläser füllen und in den Kühlschrank stellen.

ANRICHTEN

In der Regel servieren wir das Bärlauch-Verhackerte mit hausgemachten Nusskeksen (siehe Rezept Seite 171).

COUSCOUS-SALAT

MIT AVOCADO, GRANATAPFEL UND FLUSSKREBSEN

ZUTATEN

100 g fertig vorgekochter Couscous
2 Jungzwiebeln
1/2 rote Zwiebel
1/2 Granatapfel
1 TL Paprikapulver
1 TL Currypulver
1 Avocado (reife Ware!)
8 cl Fruchtessig oder Tomatenessig
8 cl kalt gepresstes Olivenöl
Salz, Pfeffer
16 Flusskrebsschwänze
1 EL Butter
Salatblätter zum Dekorieren

ZUBEREITUNG

- Die Zwiebel kleinwürfelig schneiden. Die 2 Jungzwiebeln in 1 cm breite Ringe schneiden. Den Granatapfel entkernen.
- Die Flusskrebsschwänze von ihrer Schale lösen.
- Den Couscous etwa 1 Minute in Salzwasser kochen und abseihen.
- Kurz bevor man den Salat zubereitet, Avocado schälen und in 1 cm dicke Scheiben schneiden.
- Zwiebel, Jungzwiebeln, noch lauwarmen Couscous und Butter mit Currypulver, Salz und Pfeffer würzen und mit Essig und Öl leicht marinieren. Man erhält eine kompakte, nicht wässrige Masse.
- Bei frischen Krebsen diese ca. 1 Minute in kochendem Salzwasser blanchieren und unter den Couscous-Salat mischen.

ANRICHTEN

Den Couscous in einen Anrichtring geben, die Avocados elegant daraufsetzen und mit Flusskrebsen und ein paar Salatblättern dekorieren.

Carpaccio von der Ochsenherztomate

mit Ziegenkäsebällchen und Prosciuttoröllchen

ZUTATEN

4 Ochsenherztomaten
1 rote Zwiebel
1/16 l Balsamicoessig
1/8 l Olivenöl
Salz, Pfeffer

8 Ziegenkäsebällchen
8 Scheiben dünn geschnittener Prosciutto

Basilikumblätter zum Dekorieren

ZUBEREITUNG

- Tomaten waschen, auf der Schneidemaschine (wenn vorhanden) in ca. 2 mm dünne Scheiben schneiden und auf einem Teller auflegen.
- Zwiebel schälen, ebenfalls in dünne Scheiben schneiden und auf den Tomatenscheiben gleichmäßig verteilen. Die Tomaten mit Salz, Pfeffer, Balsamico und Olivenöl marinieren.

ANRICHTEN

Je 2 Ziegenkäsebällchen auf das Tomaten-Carpaccio setzen und den Prosciutto darauf drapieren. Mit Basilikumblättern dekorieren.

CRÈME BRULÉE VOM SELLERIE MIT BARBARIEENTENBRUST

ZUTATEN

1 Knollensellerie (etwa 600 g)
100 g Butter
Salz, Pfeffer
Saft einer Zitrone
1/8 l Schlagobers
2 Eidotter
1 EL Zucker
20 g brauner Zucker

1 Barbarieentenbrust
Salz, Pfeffer
Frischer Thymian
2 EL Honig
1 Stück Ingwer
8 cl Sojasauce
Rapsöl zum Anbraten
1/2 cm Chili

ZUBEREITUNG

- Für die CRÈME BRULÉE den Knollensellerie schälen, in 4 cm große Würfel schneiden und in ganz wenig Salzwasser weich kochen. Zusammen mit dem Zitronensaft, der Butter und dem Staubzucker in den Mixer geben, mixen und mit Salz und Pfeffer abschmecken.

- Das Schlagobers mit den 2 Dottern verrühren, zu der Selleriemasse geben und weitermixen. Die Selleriemasse in Darioles oder kleine Gläser füllen und im auf 120 °C vorgeheizten Backrohr 10 Minuten im Wasserbad garen und dann kalt stellen.

- Für die BARBARIEENTENBRUST Honig mit etwa 1 EL geriebenem Ingwer, der Sojasauce und 1/2 cm fein geschnittenem frischem Chili ohne Kerne mischen.
- Barbarieentenbrust auf der Hautseite rhombusartig einschneiden, beidseitig mit Salz und Pfeffer würzen und in ganz wenig Rapsöl in einer Pfanne zuerst mit der Hautseite nach unten (sie verliert selbst dann viel Fett), dann mit der Fleischseite nach unten scharf anbraten. In einer Bratpfanne auf Thymian gebettet im auf 160 °C vorgeheizten Backrohr 15 Minuten braten, herausnehmen, in Alufolie wickeln und 10 Minuten rasten lassen, dann die Brust leicht schräg in 1/2 cm dicke Scheiben schneiden und mit der Honigsauce bestreichen.

ANRICHTEN

Die kalte Crème brulée mit braunem Zucker bestreuen und mit Hilfe eines Bunsenbrenners karamellisieren, die Barbarieentenbrust auf einen Spieß oder Rosmarinzweig geben und über die Crème brulée hängen.
Im Restaurant servieren wir dazu gerne gerösteten Lauch.

CRÈME BRULÉE VON DER KAROTTE MIT ROSA WILDSCHWEINRÜCKEN

ZUTATEN

200 g Karotten
50 g Butter
1 Msp. Ras el hanout
Salz, Pfeffer
1 EL Mascarpone
200 g Wildschweinrücken
1 TL Senf
Salz, Pfeffer
Öl zum Anbraten
Brauner Zucker zum Karamellisieren
4 Rosmarinzweige zum Aufspießen

Bratenthermometer

ZUBEREITUNG

- Für die CRÈME BRULÉE die Karotten waschen, schälen, in ca. 2 cm dicke Stücke schneiden und im Rohr in einer Alufolie weich garen. Die Karotten aus dem Rohr nehmen, mit Butter, Mascarpone, Salz, Pfeffer und Ras el hanout in ein Mixglas geben und fein mixen. In kleine Gläschen oder Darioles füllen und im auf 120 °C vorgewärmten Backrohr 10 Minuten im Wasserbad garen. Herausnehmen und mindestens 4 Stunden kalt stellen.

- Den WILDSCHWEINRÜCKEN mit Salz und Pfeffer würzen und in einer Pfanne mit ein wenig Olivenöl rundherum scharf anbraten, mit Senf einstreichen und kurz weiterbraten. Dann in das auf 85 °C vorgewärmte Backrohr geben und bis zu einer Kerntemperatur von 55 °C braten (das Bratenthermometer in der Mitte des Wildschweinrückens platzieren).
- Die kalte Crème brulée mit braunem Zucker bestreuen und mit einem Bunsenbrenner karamellisieren.

ANRICHTEN

Den Wildschweinrücken in 2–3 mm dicke Tranchen schneiden, auf die Rosmarinzweige spießen und über die Crème brulée hängen.

CRÈME BRULÉE VOM ZIEGENKÄSE

MIT ROLLMOPS VOM ROASTBEEF, RUCOLA UND SOJASPROSSEN

ZUTATEN

50 g Sojasprossen
100 g Rucola
200 g Roastbeef (siehe Rezept „Waldviertler Feuerfleck mit Roastbeef" Seite 64)

FÜR DIE MARINADE

2 EL Senf
1/8 l Balsamico
1/8 l Wasser
1/8 l Olivenöl

FÜR DIE CRÈME BRULÉE

400 g Ziegenkäse (Ziegenbällchen, Waldviertler Käsemacher)
50 g Kristallzucker

Frischer Ingwer
Selbst gemachte Grissini (siehe Rezept Seite 170)
Kresse

ZUBEREITUNG

- Für die MARINADE Senf, Wasser, Balsamico, Salz und frischen Pfeffer mit einem Schneebesen mischen, das Olivenöl langsam hineinfließen lassen und mit dem Schneebesen zu einer Marinade verrühren. Die Sojasprossen und den Rucola kurz durch die Marinade ziehen.
- Das kalte Roastbeef auf der Wurstmaschine dünn aufschneiden, mit den marinierten Gemüsen belegen und einrollen.
- Für die CRÈME BRULÉE Ziegenkäsebällchen in einen kleinen Anrichtring pressen, mit Zucker bestreuen und mit einem Bunsenbrenner karamellisieren.

TIPP: Man kann dieses Gericht statt mit Roastbeef auch mit einem Entrecote double, also einem etwa 4 cm dicken, rosa gebratenen Beiried, welches ausgekühlt in dünne Scheiben geschnitten wird, zubereiten.

ANRICHTEN

Die Crème brulée mit ein wenig frisch gerissenem Ingwer bestreuen, ein selbst gemachtes Grissini darüberlegen und mit Kresse garnieren.

Der Abenteurer!
Vor etwa zehn Jahren begann Robert Paget, der Geheimtipp unter den Ziegenkäsemachern der neuen Generation, ein neues Abenteuer mit seinen Wasserbüffeln. Immerhin handelt es sich bei diesen sympathischen Tieren um eine seit mindestens einem Jahrhundert in Österreich verschwundene Viehart! Ein Wagnis, das dazu führte, dass er heute in reiner Handarbeit neben Mozzarella weltweit den einzigen Camembert aus Büffelmilch erzeugt! Natürlich – wie könnte es anders sein – nur aus Rohmilch.

HOFKÄSEREI ROBERT PAGET · 3492 Diendorf am Kamp

DREIMAL BEEF TATAR
MIT RUCOLA

ZUTATEN

500 g Rindsfilet

FÜR DIE MARINADE
2 EL Ketchup
1 TL Senf
1 TL Tomatenmark
Salz, Pfeffer
8 cl Olivenöl
Tabasco
Worcestersauce
2 Essiggurken
1/2 rote Zwiebel
1 TL kleine Kapernbeeren
1 EL gehackte Petersilie

200 g Rucola
6 cl Fruchtessig
6 cl Olivenöl
1 TL Zucker
Salz, Pfeffer

50 g Sprossen
1 EL Sojasauce
1 Msp. Sesam
1 St. Ingwer
1 EL Chilisauce

ZUBEREITUNG

- Rindsfilet in ganz kleine Würfel schneiden und zugedeckt eine Stunde in den Kühlschrank stellen.
- Für die BEEF-TATAR-MARINADE rote Zwiebel, Kapernbeeren und Essiggurkerl kleinwürfelig schneiden und in eine Schüssel geben. Senf, Ketchup, Tomatenmark, gehackte Petersilie, Tabasco, Worcestersauce, Salz und Pfeffer ebenfalls dazugeben, verrühren und das Olivenöl langsam einrühren. Die Marinade auf drei Schüsseln aufteilen.
- In die erste Schüssel ein Drittel des geschnittenen Fleisches geben und verrühren.
- In die zweite Schüssel 50 g fein geschnittenen Rucola und ebenfalls ein Drittel des Fleisches geben und vermengen.
- In der dritten Schüssel Sojasauce, Chilisauce, Ingwer, Sesam und Sprossen verrühren und das restliche Fleisch untermengen.
- Restlichen Rucola mit Fruchtessig, Zucker, Salz, Pfeffer und Olivenöl marinieren.

ANRICHTEN

Aus jeder Schüssel mit Tatar jeweils 1 Nockerl formen und auf dem Teller jede Sorte in einen kleinen Anrichtring pressen (den Anrichtring natürlich jedes Mal wieder wegnehmen).
Den marinierten Salat in einen Parmesankorb (siehe Rezept S. 171) setzen, auf dem mittleren Tatar platzieren, dekorieren und servieren.

KALTER SCHWEINSBRATEN

MIT JUNGZWIEBELN UND SOJASPROSSEN

ZUTATEN

1 Schweinsschopf
Salz, Pfeffer, Kümmel
1 Zwiebel
4 Knoblauchzehen

1 Tasse Sojasprossen
3 Bund Jungzwiebeln

10 cl Sojasauce
15 g geriebener Ingwer
1 EL Honig
1 Chilischote
8 cl Sesamöl

ZUBEREITUNG

- Den Schweinsschopf reichlich mit Salz, Pfeffer und Kümmel würzen und im auf 150 °C vorgewärmten Backrohr 2 1/2 Stunden garen. Herausnehmen und mindestens 4 Stunden kalt stellen.

- Die Jungzwiebeln waschen und in 5 mm dünne Scheiben schneiden. Die Zwiebel schälen und in dünne Scheiben schneiden.

- Die Sojasauce, den Ingwer und den Honig verrühren, die Chilischote halbieren, entkernen und davon ein Stück von etwa 1/2 cm in feine Streifen schneiden und zur Sojasauce geben. Schließlich das Sesamöl in die Sojasauce langsam einrühren.

ANRICHTEN

Den kalten Schweinsbraten auf der Wurstschneidemaschine in ca. 3 mm dünne Scheiben schneiden, mit Jungzwiebeln und Sojasprossen bedecken und mit der Sojasauce leicht beträufeln.
Im Restaurant servieren wir dazu gerne gelierte Würfel vom Schweinsbratensaft und getrocknete Tomaten.

KRAUTSALAT
SÜSSSAUER MARINIERT MIT RÄUCHERLACHS

ZUTATEN

1/2 Krauthappel
1 EL Kümmel, nicht gemahlen
Salz, Pfeffer
0,1 l Fruchtessig
0,1 l Sojasauce
5 cl Chilisauce (siehe Rezept Seite 44)
1 EL Honig
1 Msp. geriebener Ingwer
2 EL Olivenöl

200 g Räucherlachs, geschnitten
Kresse zum Garnieren

ZUBEREITUNG

• Kraut fein hobeln, in eine Schüssel geben, mit 2 EL Salz einsalzen und 2 Stunden stehen lassen. Danach das Kraut auspressen und mit Essig, Öl, Sojasauce, Chilisauce, Honig und Ingwer marinieren. Vorsichtig nachsalzen und pfeffern.

ANRICHTEN

Krautsalat mit Räucherlachs umwickeln und mit etwas Kresse garnieren.

Kürbissalat
mit Räucherlachs

ZUTATEN

200 g Räucherlachs, geschnitten
150 g Hokkaidokürbis
4 Jungzwiebeln
1 rote Zwiebel
1 Knoblauchzehe
0,1 l Fruchtessig
0,1 l Olivenöl
1 Msp. geriebene Muskatnuss
Salz, Pfeffer
1 TL Zucker
Kren und Kresse zum Garnieren
Öl zum Anbraten
10 getrocknete Kirschtomaten

ZUBEREITUNG

- Den Kürbis schälen, entkernen und in Stifte schneiden (ca. 6 x 1 cm).
- Den Knoblauch und die Zwiebel schälen und feinblättrig schneiden.
- In einer Pfanne in etwas Olivenöl Zwiebel, Knoblauch und Jungzwiebeln glasig schmoren, den Kürbis dazugeben und, ohne dass es Farbe annimmt, sanft anschwitzen. Mit Salz, Pfeffer und Muskatnuss würzen.
- Mit Essig und der gleichen Menge Wasser aufgießen, einmal kurz aufkochen lassen, Staubzucker und Olivenöl dazugeben und zugedeckt 4 Minuten ziehen lassen.

ANRICHTEN

1 EL Kürbissalat mit Räucherlachs umwickeln und mit frisch geriebenem Kren, Kresse und halbierten Kirschtomaten garnieren.

Die Hammerschmiede in Arbesbach

CARPACCIO
MIT RUCOLA UND PARMESAN

ZUTATEN

200 g Rindsfilet
Salz, Pfeffer
100 g Rucola

8 cl Balsamico
8 cl Olivenöl
Basilikumpesto nach Belieben

FÜR DIE MARINADE

1 EL Estragonsenf
8 cl Balsamico
1 TL Staubzucker
8 cl Olivenöl
4 cl Wasser

20 g Parmesan

ZUBEREITUNG

- Rindsfilet mit Salz und Pfeffer würzen, in Klarsichtfolie einrollen und für rund 12 Stunden in das Tiefkühlfach geben.
- Für die aufgeschlagene MARINADE den Senf in einen Messbecher geben, alle Zutaten außer Olivenöl beigeben, mit dem Stabmixer pürieren und langsam das Olivenöl einmixen.
- Rucola waschen. Carpaccio aus dem Tiefkühlfach nehmen, mittels Wurstmaschine in 1 mm dünne Scheiben schneiden und auf einen Teller legen. Mit Balsamico, Salz, Pfeffer, Olivenöl und Basilikumpesto würzen.

ANRICHTEN

Parmesankorb (siehe Rezept Seite 171) mittig auf das Carpaccio setzen, marinierten Rucola hineingeben und mit frischem gehobeltem Parmesan garnieren.

LACHSFORELLE
MIT GURKE UND GIN TONIC SHOT

ZUTATEN

400 g Lachsforellenfilet
Ingwer
6 cl Olivenöl
Saft einer Zitrone
Salz, Pfeffer

1 Salatgurke
3 EL Sauerrahm
1 EL Crème fraîche
1 kl. Bund Dille, gehackt
Saft von 1/2 Zitrone

16 cl Hendrick's Gin
4 Scheiben Salatgurke
Pfeffer aus der Mühle
0,2 l Tonic Water
8 Eiswürfel

ZUBEREITUNG

• Die Lachsforelle entgräten und mit einem scharfen Messer in dünne Tranchen schneiden, mit Ingwer, Zitrone, Salz, Pfeffer und Olivenöl marinieren.

• Die Gurke waschen und in 2 cm kleine Würfel schneiden, einsalzen und 1 Stunde stehen lassen. Danach die Gurke in einem Sieb leicht ausdrücken, mit Sauerrahm, Crème fraîche, Dille und Zitronensaft marinieren. Mit Salz und Pfeffer abschmecken.

ANRICHTEN

Eiswürfel in ein Longdrink-Glas geben (so lange, bis das Glas komplett durchgekühlt ist). Schmelzwasser abgießen und je 4 cl Gin hineinleeren, mit Tonic Water aufgießen und mit Gurkenscheibe und frischem Pfeffer garnieren und auf einer Platte mit der Lachsforelle servieren.

OLIVEASCOLI
MIT GETROCKNETEN KIRSCHTOMATEN UND PETERSILIENPESTO

ZUTATEN

4 Kalamata-Oliven mit Kern
2 EL Semmelbrösel
2 EL geriebener Parmesan
Öl zum Herausbacken
1 Ei
1 EL Mehl
1 EL Semmelbrösel

1 Bund Petersilie
3 EL Pinienkerne
4 cl Olivenöl
50 g Parmesan

Getrocknete Babytomaten

ZUBEREITUNG

• Petersilienblätter, Pinienkerne, Olivenöl und Parmesan gemeinsam im Cutter fein mixen.

• Oliven entkernen und mit dem geriebenen Parmesan füllen. In Mehl, Ei und Bröseln doppelt panieren und schwimmend in Öl herausbacken.

ANRICHTEN

Das Pesto auf einen kleinen Aperitiflöffel setzen, darauf die oben angeschnittene gebackene Olive geben und mit einer kleinen getrockneten Babytomate dekorieren.

Foto rechts

Adventure Cooking im Weingarten von Johannes Hirsch in Kammern/Langenlois

ROASTBEEF MIT
WALDVIERTLER KÜRBIS & PETERSILIENPESTO

ZUTATEN

4 cl Olivenöl
200 g Beiried
2 EL Senf
Salz, Pfeffer

1 Bund Petersilie
3 EL Pinienkerne
4 cl Olivenöl
50 g Parmesan

200 g Hokkaidokürbis
50 g Butter
2 EL Zucker
2 EL Fruchtessig

Getrocknete Babytomaten

ZUBEREITUNG

- Für das PETERSILIENPESTO Petersilienblätter, Pinienkerne, Olivenöl und Parmesan gemeinsam im Cutter fein mixen.
- Kürbis schälen, in fingerdicke Julienne schneiden und in einer Pfanne mit der Butter etwa 2 Minuten schwenken. Mit dem Zucker karamellisieren, mit dem Essig löschen und kurz reduzieren.
- Für das ROASTBEEF das Beiried salzen, pfeffern, scharf anbraten, mit Senf bestreichen und kurz weiterbraten. Im auf 80 °C vorgeheizten Backrohr etwa 2 Stunden bis zu einer Kerntemperatur von 53 °C braten (Bratenthermometer verwenden). Herausnehmen und zugedeckt mit einer Alufolie vor dem Schneiden etwas rasten lassen.

ANRICHTEN

Kürbis mit Roastbeef umwickeln und mit Pesto und getrockneten Tomaten garnieren. Mit Kräutern oder Kresse dekorieren.

Sommerlicher Waldviertler Rindfleischsalat

ZUTATEN

Gekochter Tafelspitz (siehe Rezept Seite 106)
1 rote oder weiße Zwiebel
1 Bund Jungzwiebeln
1 Knoblauchzehe
10 schwarze Kalamata-Oliven
40 g getrocknete Tomaten
10 Basilikumblätter
1 gelber Paprika
1 Salatgurke
Salz, Pfeffer
1/8 l Balsamico
1/2 EL Staubzucker
0,1 l Olivenöl
Stück Parmesan

ZUBEREITUNG

- Die Oliven entkernen und in dünne Scheiben schneiden. Die Jungzwiebeln waschen und in 5 mm dünne Scheiben schneiden. Die Zwiebel und den Knoblauch schälen und in 2 mm dünne Scheiben schneiden.

- Den Tafelspitz auf der Wurstschneidemaschine in 3 mm dünne Scheiben schneiden und danach in eine 5 mm breite Julienne schneiden.

- Den Paprika entkernen und ebenfalls in eine Julienne schneiden. Die Salatgurke auf der Wurstschneidemaschine der Länge nach in 4 mm dicke Scheiben schneiden.

- Tafelspitz, Zwiebel, Jungzwiebeln, Oliven, Knoblauch, getrocknete Tomaten und Paprika in eine Schüssel geben und mit Salz, Pfeffer, Balsamico, Staubzucker und Olivenöl marinieren. Zum Schluss die Basilikumblätter daruntermischen.

ANRICHTEN

Die Gurkenscheiben kreisförmig zusammendrehen und darin den Rindfleischsalat einfüllen. Mit Parmesanspänen dekorieren.

ROTE-RÜBEN-SALAT
MIT KRENMOUSSE

ZUTATEN

2 Rote Rüben
1/4 l Balsamico
1/4 l Wasser
1 TL Wacholderbeeren
1 TL Pfefferkörner
3 Lorbeerblätter
1 EL Zucker

1/4 l Sauerrahm, 75 g Topfen
1 EL Krenpaste, Salz, Pfeffer
Tabasco, Worcestersauce
4 Blätter Gelatine
6 cl Milch, 1/8 l Schlagobers

FÜR DIE MARINADE

100 g Schalotten
1/16 l Balsamico
1/16 l Olivenöl
1 TL Zucker

Rote-Rüben-Blätter zum Garnieren
Frischer Kren und Kresse zum Garnieren

ZUBEREITUNG

- Die Roten Rüben waschen und mit Wasser, Balsamico, Wacholderbeeren, Pfefferkörnern, Lorbeer und Zucker weich kochen. Erst dann schälen (die Haut löst sich dann fast von allein). Etwa 6 Stunden kalt stellen.
- Für die KRENMOUSSE in einer Schüssel Sauerrahm mit Topfen und Krenpaste glatt rühren und mit Salz, Pfeffer, einem Spritzer Tabasco und einem Spritzer Worcestersauce würzen.
- Die Gelatine in kaltem Wasser einweichen. Die Milch wärmen, darin die Gelatine auflösen und dann zur Sauerrahmmasse hinzufügen. Danach das aufgeschlagene Schlagobers vorsichtig unterheben. In eine Form füllen und für mindestens 3 Stunden kalt stellen.
- Die Roten Rüben in feine Julienne schneiden und mit fein gehackten Schalotten, Balsamico, Olivenöl und Zucker marinieren und mit Salz und Pfeffer abschmecken.

ANRICHTEN

Den Rote-Rüben-Salat in die Mitte des Tellers setzen, darauf ein Nockerl von der Krenmousse platzieren und mit Rote-Rüben-Blättern, Kresse und frisch geriebenem Kren garnieren.

Mit Wolfgang Fröschl in der Bäckerei „Der Zuckerbäcker“ in Zwettl.

WALDVIERTLER BROTSALAT

ZUTATEN

1 Salatgurke
1 gelber Paprika
1 Zwiebel (ca. 80 g)
1 Knoblauchzehe
10 Basilikumblätter
10 Kirschtomaten
200 g Schwarzbrot
1 EL Butter
100 g Rucola

1/16 l Balsamico
1/16 l Olivenöl
2 EL Zucker
Salz, Pfeffer
Parmesan zum Dekorieren

ZUBEREITUNG

- Das Schwarzbrot in kleine Würfel von ca. 1 x 1 cm schneiden und in einer Pfanne mit Butter goldbraun rösten.
- Die Salatgurke in 5 mm dicke Scheiben schneiden. Den Paprika halbieren, entkernen und in kleine Würfel schneiden. Die Zwiebel und den Knoblauch schälen und in 2 mm dünne Scheiben schneiden. Die Kirschtomaten halbieren.
- Gurken, Paprika, Zwiebel, Knoblauch und Kirschtomaten in eine Schüssel geben und mit Balsamico, Zucker, Salz, Pfeffer und Olivenöl marinieren.
- Zum Schluss die knusprigen Schwarzbrotwürfel und den gewaschenen Rucola daruntermischen.

ANRICHTEN

Den Salat in einen 5 mm dicken Gurkenring füllen und mit gehobeltem Parmesan garnieren.
Im Restaurant servieren wir dazu gerne hausgemachte Tomaten-Grissini.

TOMATENMOUSSE-MOZZARELLA
MIT BEIRIEDRÖLLCHEN

ZUTATEN

1 Bund Basilikum
3 EL Pinienkerne
4 cl Olivenöl
50 g Parmesan

1/2 l Tomatensaft
6 Blatt Gelatine
120 g Schlagobers
Salz
Pfeffer
1 TL Zucker
1/2 Zwiebel
1 Knoblauchzehe
1 Rosmarinzweig
1 Basilikumzweig
1 Spritzer Tabasco
1 EL Olivenöl

4 reife Babytomaten
100 g Mozzarella
Kalt gepresstes Olivenöl
Basilikum
1 EL geröstete Pinienkerne

4 cl Olivenöl
200 g Beiried
2 EL Senf
Salz, Pfeffer

Schwarze Sesamsprossen

ZUBEREITUNG

- Für das PETERSILIENPESTO Basilikumblätter, Pinienkerne, Olivenöl und Parmesan gemeinsam im Cutter fein mixen.
- Für die TOMATENMOUSSE Zwiebel und Knoblauch schälen, in Würfel schneiden und in Olivenöl rösten, mit einem Teelöffel Zucker karamellisieren, mit Tomatensaft ablöschen, die gehackten Kräuter zufügen und 5 Minuten leicht köcheln lassen. Mit Salz, Pfeffer und Tabasco abschmecken.
- Die Gelatine einweichen, auspressen und in der warmen Masse auflösen und etwas auskühlen lassen.
- Das Schlagobers schlagen und vorsichtig unter die Masse heben und mindestens 2 Stunden kalt stellen.
- Für das TOMATEN-MOZZARELLA-TATAR Babytomaten halbieren und entkernen. Tomaten und Mozzarella in eine feine Brunoise schneiden, fein geschnittenes Basilikum und Pinienkerne zufügen und mit Olivenöl, Salz und Pfeffer aus der Mühle würzen.
- Für das ROASTBEEF das Beiried salzen, pfeffern, scharf anbraten, mit Senf bestreichen und kurz weiterbraten. Im auf 80 °C vorgeheizten Backrohr etwa 10 Minuten braten. Herausnehmen und zugedeckt mit einer Alufolie vor dem Schneiden etwas rasten lassen.

ANRICHTEN

Mit einem Parisienne-Löffel zwei bis drei Tomatenmousse-Nockerl ausstechen und auf den Teller geben. Roastbeef in 2 mm dünne Scheiben schneiden, jede Scheibe mit etwas Tatar bestreichen, einrollen, auf den Teller legen und mit Basilikum dekorieren. Mit einigen Pesto-Häufchen und Sesamsprossen garnieren.
Im Restaurant servieren wir dazu gerne eine weiße Tomatenespuma.

ROASTBEEF VOM JÄHRLINGSBOCK
MIT PINIEN-WALDORFSALAT

ZUTATEN

400 g Rücken vom Jährlingsbock
Salz, Pfeffer
Rapsöl
1 EL Senf
1 kl. Bund Majoran

100 g Pinienkerne
3 Äpfel
150 g Sauerrahm
120 g Rucola
2 EL Basilikumpesto (siehe Rezept Seite 110)
Saft von einer Zitrone
Tabasco
Worcestersauce
6 cl Olivenöl
1/4 Knollensellerie

ZUBEREITUNG

- Für das ROASTBEEF den Rücken vom Jährlingsbock von Sehnen befreien und rundherum leicht mit Senf bestreichen, salzen und pfeffern und in einer Pfanne mit etwas Rapsöl von allen Seiten scharf anbraten.
- Den Rücken herausnehmen und in die gleiche Pfanne den Majoran geben, den Rücken darauflegen und im auf 140 °C vorgewärmten Backrohr 2 Minuten braten. Danach mit Alufolie einwickeln und bei Zimmertemperatur 30 weitere Minuten rasten lassen.
- Für den SALAT den Sellerie schälen, in ganz dünne Streifen schneiden und in Salzwasser ganz kurz blanchieren.
- Äpfel waschen, entkernen und ebenfalls in dünne Streifen schneiden. Apfelstreifen und Selleriestreifen in eine Schüssel geben, mit Sauerrahm, Salz, Pfeffer und Zitronensaft würzen.
- Pinienkerne kurz in einer Pfanne ohne Öl rösten und zum Salat geben. Mit Basilikumpesto, Tabasco und Worcestersauce nochmals abschmecken. Zum Schluss fein geschnittenen Rucola darunter-mischen.

ANRICHTEN

Den noch lauwarmen Rehrücken auf einer Wurstmaschine fein aufschneiden und auf einem runden Teller kreisförmig am Rand schön auflegen. In die Mitte des Tellers den Waldorfsalat setzen und das Roastbeef mit etwas Olivenöl beträufeln.
Im Restaurant servieren wir dazu gerne einen Erdäpfelring.

SELLERIESALAT

MIT KNUSPRIGER PETERSILIE UND SCHARFER MARINADE

ZUTATEN
FÜR DIE CHILISAUCE

5 Chilis (Habaneros)
2 EL Tomatenmark
11 EL Fruchtessig
7 EL Wasser
1 TL Salz
1 TL gemahlener schwarzer Pfeffer
1/2 TL grüner Pfeffer in der Lake

FÜR DEN SALAT

1 Knollensellerie
1 Zwiebel
1 Knoblauchzehe
2 Jungzwiebeln
4 cl Olivenöl
1 TL Kristallzucker

1/2 Bund Petersilie
Öl zum Frittieren

ZUBEREITUNG

- Für die CHILISAUCE die Chilis waschen, halbieren und entkernen.
Chilis, Tomatenmark, Fruchtessig, Wasser, Salz, schwarzen und grünen Pfeffer in einen Cutter geben und zu einer breiigen Masse mixen. Die Chilisauce in einem kleinen Topf 10 Minuten bei niedriger Hitze köcheln lassen, dabei immer wieder umrühren. Abkühlen lassen und etwa 12 Stunden kalt stellen.

- Für den SALAT die Zwiebel und den Knoblauch schälen und in 5 mm bzw. 1 mm dünne Scheiben schneiden. Den Knollensellerie schälen und feine Gemüsejulienne schneiden. Die Jungzwiebeln waschen und in 1 cm dicke Scheiben schneiden.

- In einer Pfanne mit Olivenöl Zwiebeln, Knoblauch und Jungzwiebeln leicht anschwitzen, ohne Farbe nehmen zu lassen. Selleriejulienne dazugeben und 2 Minuten mitschwenken, dann mit Kristallzucker leicht glasieren, mit der Chilisauce aufgießen und nochmals 4 Minuten leicht köcheln lassen. Die Pfanne mit einer Folie luftdicht verschließen und 20 Minuten zur Seite stellen.

- Das Öl mindestens 2–3 cm hoch in einem kleinen Topf mit hohem Rand erhitzen und darin ganz kurz die Petersilie bei ca. 160 °C frittieren.

ANRICHTEN: Selleriesalat in kleine Gläser füllen und mit knuspriger Petersilie bedecken.

TATAR & SASHIMI

HEIMISCHER FORELLE MIT HONIGMELONE

ZUTATEN

2 Forellenfilets (Peter's Land) zu je ca. 200 g
Saft von 2 Zitronen
20 g geriebener Ingwer
1/16 l Olivenöl
1/2 Zwiebel (ca. 80 g)
Salz, Pfeffer
1/2 Honigmelone (ca. 500 g)
Salatblätter zum Dekorieren

ZUBEREITUNG

- Die Honigmelone schälen und von ihren Kernen befreien. Aus der Melone 4 fingerdicke Streifen schneiden. Aus dem Rest eine fünf Millimeter dicke Brunoise schneiden.
- Forellenfilets entgräten. Aus den Filets 4 fingerdicke Streifen schneiden und den Rest kleinwürfelig schneiden. Die Streifen mit Zitrone, Salz, Pfeffer und Olivenöl marinieren und für 10 Minuten kühl stellen.
- Für das TATAR die Forellenwürfel mit Zitrone, Salz, Olivenöl und Ingwer zu einer Masse verrühren und zum Schluss die gewürfelte Honigmelone daruntermischen.

ANRICHTEN

Forellenstreifen auf Teller geben und darauf die Melonenstreifen setzen. Aus dem Tatar mit einem Esslöffel kleine Nockerl stechen und auf dem Teller platzieren.
Mit einem Gemüseschäler als Dekoration ganz dünn geschnittene Blätter von einer Melone darüberdrapieren und mit jungen Salatblättern dekorieren.

TATAR VON DER GERÄUCHERTEN LACHSFORELLE

ZUTATEN

Geräucherte Lachsforellenfilets
1 Zitrone
4 EL Sauerrahm
1/2 gelber Paprika
3 EL Pinienkerne
Etwas Ingwer
Salz, Pfeffer
100 g Rucola zum Garnieren

ZUBEREITUNG

- Die Lachsforelle in kleine Würfel schneiden.
- Den halben Paprika waschen, entkernen, von der inneren weißlichen Haut befreien und in 4 mm feine Würfel schneiden. Dann den Sauerrahm, den Saft der Zitrone und die Pinienkerne beigeben und mit Salz, frisch geriebenem Pfeffer und geriebenem Ingwer abschmecken.

ANRICHTEN

Das Lachsforellentatar mit einem Anrichtring in die Mitte des Tellers platzieren und mit knusprig gebratenem Rucola garnieren.

Wanderreithof Kern

TATAR VOM GERÄUCHERTEN KARPFEN

MIT ROTEN RÜBEN UND APFELSCHAUM

ZUTATEN

200 g geräucherter Karpfen
1 Zwiebel (ca. 80 g)
2 gekochte Rote Rüben (im gut sortierten Lebensmittelgeschäft erhältlich)
4 EL Olivenöl
1 EL Sauerrahm
1 Zitrone
Salz, Pfeffer

1/2 l naturtrüber Apfelsaft
3 Blatt Gelatine
1 Isi-Kapsel
Eine Isi-Flasche von einem halben Liter

Schwarzbrot
Kresse

ZUBEREITUNG

- Für das FISCHTATAR die Zwiebel fein schneiden. Den Karpfen in eine feine Brunoise schneiden. Die Roten Rüben in eine ca. 5 mm dicke Brunoise schneiden. (Dafür sollte man Einweghandschuhe anziehen!)
- In einer Schüssel Zwiebel, Karpfen und Rote Rüben zusammenmischen, Olivenöl, Sauerrahm und Zitronensaft untermengen und mit Salz und frischem Pfeffer aus der Mühle würzen.
- Für den APFELSCHAUM den Apfelsaft aufkochen und die eingeweichte Gelatine unterrühren, in eine einen halben Liter fassende Isi-Siphonflasche füllen und eine Kapsel hineinschrauben. 3 Stunden kühl stellen.

ANRICHTEN

Das Karpfentatar in einen Anrichtring geben. Darauf eine noch warme, ganz dünne, in einer Pfanne in Butter knusprig gebratene Scheibe Schwarzbrot (3 mm) setzen. Etwas Apfelschaum daraufspritzen und mit Kresse dekorieren. Übrig gebliebenen Apfelschaum kann man für viele kalte Gerichte, Nachspeisen oder für Aperitifs verwenden.

Karpfenabfischen bei
Familie Fillek in Schloss Rosenau

TATAR VOM MILCHKALB
MIT SPARGEL UND KRÄUTERCOCKTAIL

ZUTATEN

200 g Kalbsrücken
1 Zwiebel (vorzugsweise eine rote Zwiebel)
5 Kapernbeeren
Olivenöl
1 1/2 Zitronen

8 Stangen Solospargel
1 Semmel
1 EL Zucker
Meersalz
1/16 l Weißwein-Sud
1/2 Bund Petersilie
1/2 Bund Dille
2 EL Eiswürfel
4 cl Tomatenessig oder Fruchtessig
1/2 EL Staubzucker

Getrocknete Kirschtomaten in Öl zum Dekorieren

ZUBEREITUNG

- Für das TATAR den Kalbsrücken mit einem scharfen Messer in kleine Würfel schneiden. Die Zwiebel und die Kapernbeeren ebenfalls in kleine Würfel schneiden.
- Die Zwiebel mit dem Kalbfleisch mischen. Mit Olivenöl, Saft einer Zitrone, Salz, frischem Pfeffer aus der Mühle und einigen fein gehackten Blättern Petersilie abschmecken.
- Den SPARGEL schälen, die unteren 3 cm wegschneiden und in einem schmalen Spargeltopf in etwa einem Liter Wasser mit Salz, Weißwein, einem Stück Semmel und Zucker ganz kurz bissfest kochen. Den Spargel am besten mit der Wurstmaschine der Länge nach aufschneiden und mit Olivenöl und etwas Meersalz würzen.
- Für den KRÄUTERCOCKTAIL in ein Mixglas die Petersilie, die Dille, die Eiswürfel, den Tomatenessig, den Staubzucker und den Saft von einer halben Zitrone geben und fein mixen!

ANRICHTEN

Das Kalbstatar in einen Anrichtring geben, die marinierten Spargelscheiben locker daraufsetzen. Den Kräutercocktail erst vor dem Servieren neben das Tatar träufeln und den Teller mit Brunnenkresse, getrockneten Kirschtomaten und selbst gebackenen Grissini dekorieren.
Im Restaurant servieren wir dieses Tatar oft mit Spargelespuma.

TATAR VOM MILCHKALB
MIT AVOCADO, SPROSSEN UND PARMESANEI

ZUTATEN

200 g Kalbsrücken
1 TL Kapern
1 TL gehackte Petersilie
1 Zitrone
Salz, Pfeffer
1/2 rote Zwiebel
8 cl Olivenöl
4 Bio-Eier
2 EL Mehl
2 EL Brösel
3 EL geriebener Parmesan
1 Ei zum Panieren
Öl zum Frittieren
1/2 Avocado
1 Tomate
4 cl Basilikumpesto
(siehe Rezept Seite 110)
4 cl Olivenöl
2 EL geröstete Pinienkerne
1 Tasse Kresse
1 Tasse Alfalfa-Sprossen

ZUBEREITUNG

- Die Tomate auf der Rückseite kreuzweise leicht einritzen und ganz kurz in Salzwasser blanchieren. In Eiswasser abschrecken, dann die Haut abziehen, halbieren, die Kerne entfernen und das Tomatenfleisch kleinwürfelig zu einem Tomaten-Concassée schneiden.
- Die Avocado schälen, entkernen, kleinwürfelig schneiden, mit dem Tomaten-Concassée vermengen und mit dem Saft einer halben Zitrone, Salz, Pfeffer, Olivenöl und Basilikumpesto marinieren. Zum Schluss die gerösteten Pinienkerne daruntermischen. Wenn man den Avocadokern dazugibt, verfärbt sich die Masse nicht braun.
- Die Eier 5 Minuten kochen, abschrecken und schälen.
- Den Kalbsrücken in eine feine Brunoise (kleinwürfelig) schneiden.
- Die Kapern und die Petersilie fein hacken. Die Zwiebel schälen und ebenfalls in eine feine Brunoise schneiden.
- Zwiebel mit Petersilie, Kapern und Kalbfleisch in eine Schüssel geben und mit Salz, Pfeffer, dem Saft einer halben Zitrone und Olivenöl marinieren.
- Die Eier in Parmesanbröseln panieren. Dafür zuerst in Mehl wenden und dann durch das geschlagene Ei ziehen, anschließend in geriebenem Parmesan, gemischt mit Bröseln, wenden. Schwimmend etwa eine halbe bis eine Minute in Öl frittieren. Vorsicht, der Dotter sollte innen noch flüssig sein!

ANRICHTEN

Das Kalbstatar in einen Anrichtring füllen, die Avocadomasse daraufgeben, das gebackene Ei daraufsetzen und mit frischer Kresse und kleinen Sprossen garnieren. Frischen Pfeffer aus der Mühle darübermahlen.

PETERSILIENWURZEL-RAVIOLI MIT BLAUSCHIMMEL UND GAMBAS

ZUTATEN

400 g Petersilienwurzel
100 g Butter
Salz, Pfeffer
Saft von einer halben Zitrone
1/8 l Schlagobers

50 g nicht zu intensiven Blauschimmelkäse
12 Gambas
Saft von einer Zitrone
Etwas Olivenöl zum Herausbraten
Einige Basilikumblätter zum Garnieren
8 reife Kirschtomaten

300 g Nudelteig (siehe Rezept Seite 150)

ZUBEREITUNG

• Für die FÜLLE Petersilienwurzel schälen, waschen, in eine Alufolie einpacken und im auf 150 °C vorgeheizten Backrohr etwa 1 Stunde garen. Herausnehmen, auspacken, in kleine Würfel schneiden und zusammen mit Butter, Zitronensaft, Obers, Salz und Pfeffer in einem Mixglas mixen. 2 Stunden in den Kühlschrank stellen.

- Für die RAVIOLI Nudelteig mit der Nudelmaschine ausrollen, in einem Abstand von jeweils etwa 4–5 cm 8 Häufchen Petersilienwurzelcreme daraufsetzen und wie im oben genannten Rezept beschrieben weiter vorgehen.
- In Salzwasser etwa 8–10 Minuten kochen lassen, herausnehmen und in Butter schwenken.
- Die GAMBAS kurz vor dem Servieren mit Zitrone, Salz und Pfeffer würzen und in Olivenöl 1–2 Minuten zusammen mit den Kirschtomaten scharf anbraten.

ANRICHTEN

Die Ravioli in einen tiefen Teller geben, den in 2 cm große Würfel geschnittenen Blauschimmelkäse darüber verteilen sowie die Gambas darauflegen und mit frischen Basilikumblättern und geschmorten Kirschtomaten dekorieren.

GEBRATENE JAKOBSMUSCHELN
MIT ROTE-RÜBEN-CREME

ZUTATEN

12 Jakobsmuscheln (geputzt und ohne Schale)
Saft von 1/2 Zitrone
Olivenöl zum Anbraten
Salz, Pfeffer

3 frische Rote Rüben (je 80 g)
8 cl Balsamico
50 g kalte Butter

1/8 l Weißwein
1/4 l Rindssuppe
1/4 l Schlagobers
1 Thymianzweig

ZUBEREITUNG

- Die Roten Rüben schälen, in 3 x 3 cm große Würfel schneiden, in Alufolie einpacken und bei 140 °C 40 Minuten weich schmoren. Die noch heißen, weich gekochten Roten Rüben gemeinsam mit Butter und Balsamico zu einer cremigen Masse mixen und mit Salz und frischem Pfeffer würzen.
- Den Weißwein in einen kleinen Topf geben und am Herd zur Hälfte reduzieren lassen. Die Bouillon und den Thymianzweig dazugeben und 5 Minuten kochen lassen. Das Obers zufügen und weitere 2 Minuten köcheln. Den Thymianzweig herausnehmen, mit Salz und Pfeffer abschmecken und mit dem Stabmixer kurz vor dem Servieren schaumig mixen.
- Die Jakobsmuscheln mit dem Saft von einer halben Zitrone sowie mit Salz und Pfeffer würzen und in Olivenöl auf jeder Seite etwa 2 Minuten braten.

ANRICHTEN

Die Rote-Rüben-Creme schwungvoll mit einem Pinsel auf den Teller streichen und die gebratenen Jakobsmuscheln (3 pro Portion) auf die Creme setzen.
Im Restaurant servieren wir dazu gerne knusprige Erdäpfelgitter.

GEFÜLLTE PAPRIKA
MIT COUSCOUS & FLUSSKREBSEN

ZUTATEN

4 Paprika zum Füllen
300 g fertig vorgekochter Couscous
2 rote Zwiebeln (80 g)
1 Paprika
1/8 l Rindssuppe
1 EL Tomatenmark
1 TL Paprikapulver
1 Knoblauchzehe
1 Avocado (reife Ware!)
1 kl. Bund Dille
1 Zitrone
Salz, Pfeffer
16 Flusskrebsschwänze
1 EL Butter

FÜR DIE PAPRIKAGLACE

1/2 Paprika
1/2 Zwiebel
1 EL Butter
1/16 l Weißwein
1/16 l Bouillon
1/16 l Obers

ZUBEREITUNG

• Die roten Zwiebeln und einen Paprika in 1 cm große Stücke schneiden. Knoblauch fein hacken, geschälte Avocado in Brunoise schneiden und Dille fein hacken. Bei den Paprika zum Füllen die Deckel abschneiden, von Samen befreien und waschen.

• Für die COUSCOUSFÜLLE die frischen Krebse ca. 1 Minute in kochendem Salzwasser blanchieren, die Rindssuppe zum Kochen bringen, über den Couscous leeren und quellen lassen. Geschnittene Zwiebeln und Paprika, das Tomatenmark, die zimmerwarme Butter, die noch lauwarmen Krebse, die Dille und das Paprikapulver dazugeben, mit Salz und frischem Pfeffer abschmecken.

• Rohe Paprika mit der Couscousmasse füllen und mit dem Deckel verschließen, in eine kleine gebutterte Wanne geben und bei 150 °C ca. 20 Minuten im Rohr braten.

• Für die PAPRIKAGLACE den halben Paprika klein schneiden und von seinen Kernen befreien. Die halbe Zwiebel fein schneiden. Zwiebel in Butter glasig dünsten, Paprika zufügen, kurz mitdünsten, mit Weißwein löschen und zur Hälfte reduzieren lassen. Mit Bouillon aufgießen und ca. 7 Minuten kochen lassen, Obers dazugeben und im Mixglas fein mixen.

ANRICHTEN

Die gefüllten Paprika in die Mitte des Tellers setzen und mit der Glace nappieren.

GEBACKENE BLUNZENKNÖDEL

ZUTATEN

400 g Blutwurst vom Fleischhauer Ihres Vertrauens
1 Zwiebel
2 Knoblauchzehen
1 EL Olivenöl
1/8 l Rindssuppe
Frischer Majoran
Salz, Pfeffer

Öl zum Frittieren
Mehl
2 Eidotter
Semmelbrösel

ZUBEREITUNG

- Zwiebel und Knoblauch schälen, fein schneiden und in Olivenöl langsam rösten. Blutwurst in 3 bis 4 cm dicke Würfel schneiden und unter ständigem Rühren etwa 10 Minuten mitrösten.
- Mit Suppe aufgießen, mit fein geschnittenem Majoran, Salz und Pfeffer würzen und 10 Minuten köcheln lassen.
- Mit Stabmixer mixen, durch ein Haarsieb passieren (die Masse soll dann eine fest-cremige Konsistenz aufweisen) und über Nacht kalt stellen.
- Mit einem Parisienne-Ausstecher Kugeln ausstechen und doppelt panieren. Also zuerst in Mehl, danach in geschlagenem Eidotter und schließlich in Semmelbröseln wenden und dieses Prozedere ein zweites Mal durchführen.
- In Öl bei etwa 160 °C schwimmend frittieren.

ANRICHTEN

Meist servieren wir dieses Gericht als Amuse-Gueule oder als Vorspeise auf lauwarmem Erdäpfelsalat.
Im Restaurant reichen wir es gerne als Beilage zu Karpfen mit Krautfleckerln.

ROTKRAUT-FRÜHLINGSROLLEN

ZUTATEN

400 g fertiges Rotkraut (siehe Rezept Seite 140)
8 Frühlingsrollenblätter
Eiklar zum Bestreichen
Öl zum Herausfrittieren

ZUBEREITUNG

- Das Rotkraut abseihen und fest pressen, sodass kaum mehr Flüssigkeit übrig bleibt.
- Auf die Frühlingsrollenblätter verteilen, fest zusammendrehen und die Enden zu einem dichten Päckchen einschlagen.
  Mit dem Eiklar bestreichen und verkleben.
- Schwimmend in Öl knusprig frittieren.
- Auf Küchenpapier sorgfältig abtropfen lassen.

Robert Paget von der Hofkäserei Robert Paget in Diendorf am Kamp mit seinen Wasserbüffeln.

SPINAT-BÄRLAUCH-RAVIOLI MIT BÜFFEL-ZIEGENFRISCHKÄSE UND KREN

ZUTATEN
FÜR DIE KÄSEFÜLLE

250 g Büffel-Ziegenfrischkäse (von Robert Paget)
Ersatzweise 125 g Brösel-topfen und 125 g Feta oder Ziegenfrischkäse
100 g Jungspinat (roh)
1 Zwiebel (ca. 80 g)
2 Dotter
10 Basilikumblätter
100 g frischer Bärlauch (roh)
6 EL Semmelbrösel
Salz, Pfeffer

FÜR DEN KRENSCHAUM

1 Zwiebel (ca. 80 g)
Olivenöl
1/16 l Weißwein
1/16 l Rinderfond
1/8 l Schlagobers
1 Glas Krenpaste (ca. 50 g)

FÜR DEN NUDELTEIG

500 g glattes Mehl Typ 480
4 Eier
4 cl Olivenöl
1 Prise Salz

Etwas feiner Grieß
Butter
Jungspinatblätter zum Garnieren

ZUBEREITUNG

• Für den NUDELTEIG in der Schüssel einer Küchenmaschine Mehl, Eier, Olivenöl und Salz vermengen und mit dem Knethaken zu einem glatten Teig kneten. Auf einen Teller geben, mit Klarsichtfolie verschließen und im Kühlschrank rasten lassen.

• Für die KÄSEFÜLLE die Zwiebel in ganz feine Würfel schneiden. Basilikum, Bärlauch und Spinat im Cutter fein hacken und zusammen mit Käse, Eiern und Bröseln zu den Zwiebeln geben. Mit Salz und frischem Pfeffer aus der Mühle abschmecken.

• Für den KRENSCHAUM die Zwiebel schälen, mittelgrob schneiden und in einer kleinen Pfanne hellbraun in etwas Olivenöl rösten. Mit Weißwein ablöschen und ein wenig einreduzieren lassen. Mit Rindssuppe aufgießen und etwa 10 Minuten kochen lassen. Schlagobers und Krenpaste dazugeben, kurz aufkochen lassen und im Mixglas fein mixen.

• Bei der RAVIOLIZUBEREITUNG den Nudelteig in etwa 100 g schwere Kugeln aufteilen und diese jeweils durch eine Nudelmaschine laufen lassen. Zuerst die Maschine auf einer höheren Stufe einstellen und den Vorgang so lange auf einer niedrigeren Einstellung wiederholen, bis man eine Nudelstärke von etwa 1–2 mm erreicht hat. Die Nudelblätter jeweils mit ganz wenig feinem Grieß stauben, sodass sie nicht aneinanderkleben.

• Jeweils ein Nudelblatt auf dem Küchentisch ausbreiten und mit einem Löffel ein kleines Häufchen Fülle in regelmäßigen Abständen von etwa 4–5 cm platzieren. Mit einem zweiten Nudelblatt locker zudecken, den Teig zwischen der Fülle leicht drücken, am besten mit einem Kochlöffelstiel, und mit einem Teigrad ausschneiden oder mit einem runden Ausstecher ausstechen. Den Vorgang mit allen weiteren Nudelteigplatten wiederholen.

• Die Ravioli in reichlich kochendem Wasser (5 Liter) mit vier gestrichenen Esslöffeln Salz etwa 8 Minuten leicht köcheln lassen. Herausnehmen, in eine Pfanne geben und in Butter schwenken.

ANRICHTEN

Die Ravioli in einem tiefen Teller anrichten, den aufgeschäumten Krenschaum daraufgeben und mit frischen Jungspinatblättern garnieren.

WALDVIERTLER FEUERFLECK
MIT ROASTBEEF

ZUTATEN

1/2 kg glattes Mehl Typ 480
1/2 l Wasser
1/2 Pkg. Trockengerm
4 cl Olivenöl

200 g Beiried
2 EL Senf
Salz, Pfeffer

Bratenthermometer

ZUBEREITUNG

- Für den FEUERFLECKTEIG in der Schüssel der Küchenmaschine Mehl, Prise Salz, Trockengerm und Olivenöl vermischen, nach und nach Wasser beigeben und zu einem glatten Teig verkneten. Eine Stunde bei Zimmertemperatur rasten lassen.
- Für das ROASTBEEF das Beiried salzen, pfeffern, scharf anbraten, mit Senf bestreichen und kurz weiterbraten. Im auf 80 °C vorgeheizten Backrohr etwa 2 Stunden braten, bis zu einer Kerntemperatur von 53 °C (ist mit einem Bratenthermometer exakt zu erreichen). Herausnehmen und zugedeckt mit einer Alufolie vor dem Schneiden etwas rasten lassen.
- Für den FEUERFLECK den Brotteig ausrollen und auf einer Grill- oder Teppanyaki-Platte knusprig braten. Man kann diesen Feuerfleck auch in einer großen Pfanne braten.

ANRICHTEN

Feuerfleck auf einen Teller geben, Roastbeef darauflegen und mit frischem Rucola und Pesto (Rezept siehe Seite 35) garnieren.

WALDVIERTLER FLAMMKUCHEN

MIT LACHS UND KRÄUTERN

ZUTATEN

430 g Mehl
1/2 Pkg. Trockengerm
250 ml Wasser
Salz
3 EL Olivenöl
2 Msp. Waldviertler Blaumohn

300 g Crème fraîche
Gehackte Petersilie
Gehackte Dille
0,1 l Schlagobers
100 g geriebener Mohnkäse
1/2 Limette
2 Stangen Lauch
1 Msp. geriebene Muskatnuss

400 g frischer Lachs
Saft von 1 Zitrone
Salz, Pfeffer
1 EL Olivenöl
1 EL gutes, kalt gepresstes Olivenöl

ZUBEREITUNG

- Den Lauch waschen und in 1 cm dicke Scheiben schneiden. Mehl, Germ, Salz, Olivenöl, Mohn und Wasser zu einem Teig kneten und ca. 40 Minuten bei Zimmertemperatur gehen lassen. Dann etwa 2 cm dick ausrollen, auf ein mit Backpapier ausgelegtes Blech geben und beiseitestellen.
- Den Lachs mit dem Saft von einer Zitrone, Salz und Pfeffer würzen und in einer Pfanne mit etwas Olivenöl scharf auf jeder Seite ca. 40 Sekunden anbraten.
- Die Crème fraîche und das Schlagobers in einer Schüssel mit geriebenem Mohnkäse, dem Abrieb von einer halben Limette, Lauch, geriebener Muskatnuss, gehackter Petersilie und gehackter Dille verrühren und auf den Teig gießen. In einem auf 230 °C vorgewärmten Backrohr ca. 10–14 Minuten garen und herausnehmen.
- Den Lachs mit einer Klarsichtfolie abdichten und 3 Minuten im abgedrehten, aber geschlossenen Backrohr ziehen lassen.

ANRICHTEN

Ein Viertel des Flammkuchens mittig auf den Teller setzen, darauf das Lachsfilet legen und mit gutem, kalt gepresstem Olivenöl bestreichen.
Im Restaurant servieren wir dazu gerne knusprigen Lauch.

Stausee Ottenstein

FELSENKELLER

SUPPEN

KLARE SCHWAMMERL-SUPPE MIT HÜHNER-SALTIMBOCCA

ZUTATEN

200 g Schwammerl
200 g Herren- oder Steinpilze
1 rote Zwiebel
1 Knoblauchzehe
2 Jungzwiebeln
1 l Rindssuppe

100 g Hühnerbrust ohne Haut
4 Scheiben Prosciutto (1 mm dick)
4 Salbeiblätter
Salz, Pfeffer
Olivenöl zum Anbraten
1 Bund Schnittlauch

ZUBEREITUNG

- Für die SUPPE Schwammerl und Pilze putzen. Die Zwiebel und den Knoblauch schälen, die Jungzwiebeln waschen und alles in 3–4 mm dicke Scheiben schneiden.
- Die Pilze und die Schwammerl in einem Topf mit ein wenig Öl scharf anbraten, Zwiebel, Knoblauch, Jungzwiebeln dazugeben, die Temperatur ein wenig reduzieren und ca. 3 Minuten weiterrösten. Mit Rindssuppe aufgießen, mit Salz und frischem Pfeffer aus der Mühle abschmecken und noch 5 Minuten fertig kochen.
- Für die SALTIMBOCCA die Hühnerbrüste in fingerdicke Streifen schneiden, salzen, pfeffern, mit Salbei und Prosciutto einwickeln und in einer Pfanne mit ein wenig Olivenöl rundherum knusprig anbraten. Dann für 7 Minuten in ein auf 160 °C vorgewärmtes Backrohr geben.

ANRICHTEN

Suppe in eine Suppenschüssel gießen und in die Mitte die Saltimbocca setzen.

ERBSENSUPPE
MIT LAUCH-FRÜHLINGSROLLE

ZUTATEN

1/2 kg TK-Erbsen
2 Zwiebeln
1/4 l Rindssuppe
1/4 l Schlagobers
Salz, Pfeffer
1/16 l Weißwein
4 EL Crème fraîche
1 Stange Lauch
1 Msp. gemahlener Kümmel
Salz, Pfeffer
1 EL Olivenöl

4 Blätter Frühlingsrollenteig
1 Ei zum Bestreichen
Öl zum Frittieren

ZUBEREITUNG

- Für die SUPPE die Zwiebeln schälen und würfelig schneiden, in etwas Ölivenöl goldbraun rösten, mit Weißwein ablöschen und reduzieren. Die Erbsen dazugeben, mit Salz und Pfeffer würzen, mit Rindssuppe aufgießen und 10 Minuten kochen lassen. Schlagobers dazugeben und nochmals 2 Minuten kochen lassen, danach mit einem Pürierstab fein mixen.

- Für die FRÜHLINGSROLLE den Lauch waschen, in 3 mm dicke Ringe schneiden und in Öl goldbraun rösten. Mit Salz, Pfeffer und Kümmel würzen, Crème fraîche dazugeben und vermengen. In der Mitte der Frühlingsrollenteigblätter verteilen und zu einer Rolle formen. Mit Ei bepinseln, verschließen und in Öl bei etwa 160 °C goldbraun frittieren.

ANRICHTEN

Suppe in Suppenteller füllen und die Frühlingsrolle darüberlegen.

FLUSSKREBSSUPPE

MIT HUMMERCHIPS

ZUTATEN

1 kg Hummerkarkassen
6 cl Cognac
3 Karotten
2 Zwiebeln
Olivenöl
1/2 l Rindssuppe
1/2 l Schlagobers
1/16 l Süßwein
1 EL Tomatenmark
Salz, Pfeffer
Tabasco

Hummerchips aus dem Asiageschäft
12 geschälte Flusskrebse
1/8 Chilischote ohne Kerne
2 EL Butter

ZUBEREITUNG

- Karotten und Zwiebeln schälen, in mittelgroße Stücke schneiden, in etwas Olivenöl scharf anbraten, mit Süßwein aufgießen, reduzieren lassen und anschließend zur Seite stellen.
- Hummerkarkassen in einem großen Topf mit sehr wenig Olivenöl ganz scharf anrösten, tomatieren und mit Cognac flambieren. Gemüse und Reduktion dazugeben, mit Rindssuppe aufgießen und 15 Minuten leicht köcheln lassen. Karkassen herausnehmen, mit Schlagobers aufgießen und nochmals für etwa 10 Minuten leicht köcheln lassen. Danach mit einem Stabmixer fein mixen und mit Salz, Pfeffer und etwas Tabasco abschmecken.
- Flusskrebse in einer Pfanne mit Butter und fein gehackter Chilischote schwenken.

ANRICHTEN

Suppe in einem Teller anrichten und mit Chips und Flusskrebsen dekorieren.

Der Duft von Gerstenmalz:
mit Braumeister Heinz Wasner
in der Bierwerkstatt Weitra

BÄRLAUCH-SCHAUMSUPPE
MIT CALAMARISPIESS

ZUTATEN

2 Zwiebeln (à ca. 80 g)
200 g frischer Bärlauch
1/8 l trockener Weißwein
1/2 l Schlagobers
Salz, Pfeffer
Olivenöl
1 l Rindssuppe

6 St. Calamari
1 Zitrone
Etwas Mehl
6 Rosmarinzweige

ZUBEREITUNG

- Für die SUPPE die Zwiebeln schälen und feinwürfelig schneiden, glasig in ein wenig Olivenöl dünsten und mit dem Weißwein ablöschen. Reduzieren lassen, mit der Rindssuppe aufgießen, den gut gewaschenen Bärlauch dazugeben und ca. 5 Minuten kochen lassen. Das Schlagobers dazugeben und nochmals kurz aufköcheln lassen.
- Mit einem Stabmixer fein mixen und mit Salz und frischem Pfeffer aus der Mühle abschmecken.
- Die CALAMARI mit kaltem Wasser innen und außen sorgfältig waschen, gut abtropfen und in Ringe schneiden. Mit ein paar Tropfen Zitronensaft, Salz und frisch gemahlenem Pfeffer würzen und in Mehl leicht wenden. Anschließend schwimmend in Pflanzenöl bei etwa 180 °C knusprig herausbraten.

ANRICHTEN

Die Suppe mit dem Stabmixer aufschäumen und in Kaffeetassen füllen. Die Calamari auf einen Rosmarinzweig aufspießen und über die Kaffeetasse hängen.

MARONISUPPE MIT SAINT-JACQUES-MUSCHEL

ZUTATEN

2 Zwiebeln
Olivenöl
40 Maroni (geschält)
1/2 l Rindssuppe
1/4 l Schlagobers
1/8 l Weißwein
6 cl Trüffelöl

4 ausgelöste Jakobsmuscheln
Saft von einer halben Zitrone
Olivenöl zum Anbraten
Salz, Pfeffer

Kresse zum Garnieren

ZUBEREITUNG

- Zwiebeln schälen und würfelig schneiden. In einem Topf mit ein wenig Olivenöl glasig dünsten, mit Weißwein ablöschen und einreduzieren lassen.
- Die geschälten Maroni dazugeben, mit der Rindssuppe aufgießen, 30 Minuten kochen lassen, Schlagobers beifügen, nochmal 10 Minuten kochen lassen und in einem Mixglas fein mixen. Mit Salz, Pfeffer und Trüffelöl abschmecken.
- Die Jakobsmuscheln mit Salz, Pfeffer und Zitronensaft würzen und in einer Pfanne mit Öl beidseitig (pro Seite etwa 1 1/2 Minuten) scharf anbraten.

ANRICHTEN

Die Suppe in eine Suppenschüssel geben, die Jakobsmuschel in die Mitte des Tellers platzieren und mit Kresse garnieren.

Die Behüter

Es handelt sich hier sozusagen um die Hesperiden der Grundbirne! Als Hüterin oder Hüter des goldenen Apfels – genauer gesagt: des goldenen Erd-Apfels – ist hier natürlich die Familie Kurz gemeint, nicht die Nymphen aus der griechischen Mythologie! Seit Generationen werden bei den „Staudenbauern“ Erdäpfel nach rein qualitativen Maßstäben produziert (nicht nach den Regel der Produktivität), wie heute noch die alte, fein speckige, schmackhafte, aber leider selten gewordene Sieglinde.

BIOHOF KURZ · 3925 Arbesbach

ERDÄPFELSCHAUMSUPPE
MIT BLUNZENERDÄPFELTÖRTCHEN

ZUTATEN

1/2 kg mehlige Erdäpfel
1/2 l Rindssuppe
1/2 l Schlagobers
2 Zwiebeln
Rapsöl zum Anbraten
1/8 l Weißwein
Salz, Pfeffer
1 Msp. geriebener Kümmel

Erdäpfelpüree
(siehe Rezept Seite 128)
200 g Blutwurst
Öl zum Anbraten
1 St. Schwarzbrot

Majoran zum Dekorieren

ZUBEREITUNG

- Erdäpfel schälen, in ca. 2 cm große Würfel schneiden und in kaltes Wasser einlegen.
- Zwiebeln schälen und ebenfalls in 2 cm große Würfel schneiden und anschließend in Rapsöl goldbraun rösten. Mit Weißwein ablöschen und reduzieren lassen, die Erdäpfel abseihen und dazugeben. Mit Rindssuppe aufgießen und ca. 30 Minuten leicht köcheln lassen, mit Salz, Pfeffer und geriebenem Kümmel würzen. Mit Schlagobers aufgießen und nochmals für 5 Minuten leicht aufkochen lassen, mit Stabmixer fein mixen und mit Salz und Pfeffer abschmecken.
- Blutwurst in 2 cm dicke Scheiben schneiden und in Pflanzenöl scharf anbraten.
- Schwarzbrot in kleine Dreiecke schneiden und in der Pfanne knusprig braten.
- Das Törtchen schichtweise aus Brot, Püree, Blunze, Püree, Brot usw. zusammensetzen.

ANRICHTEN

Die Suppe nochmals aufmixen (sollte eine Schaumhaube haben) und das Törtchen daneben hinsetzen und mit frischem Majoran dekorieren.

PARMESANMILCH MIT KLEINEM FEUERFLECK UND PROSCIUTTO

ZUTATEN

200 g Parmesan
2 Zwiebeln
1/2 l Rindssuppe
1/2 l Schlagobers
Salz, Pfeffer
1/8 l Weißwein
8 Scheiben Waldviertler Prosciutto

1/2 kg glattes Mehl
1/2 Pkg. Trockengerm
4 cl Olivenöl
0,2 l lauwarmes Wasser
1 Bund Basilikum

ZUBEREITUNG

- Die Zwiebeln schälen, in Würfel schneiden und in Öl goldbraun rösten. Mit dem Weißwein löschen und zur Hälfte reduzieren lassen. Mit der Suppe aufgießen, ca. 10 Minuten köcheln lassen, das Schlagobers dazugeben, weitere 2 Minuten köcheln lassen, den geriebenen Parmesan zugeben und mit einem Pürierstab fein mixen.
- In einer Küchenmaschine Mehl, Germ, Olivenöl und Wasser zu einem geschmeidigen Teig kneten. 2 Stunden rasten lassen, dünn ausrollen und mit einem kleinen Ausstecher (Größe eines Whiskyglases) rund ausstechen und in einer Pfanne knusprig braten.
- Auf diese Scheiben den dünn geschnittenen Prosciutto legen.

ANRICHTEN

Parmesanmilch mit Stabmixer aufschäumen, in eine Suppentasse füllen und mit Basilikum garnieren. Kleinen Feuerfleck als Beilage servieren.

KÜRBISSCHAUMSUPPE

MIT TEMPURA-HENDL

ZUTATEN

1/8 l Weißwein
3 Zwiebeln
Olivenöl
500 g Hokkaidokürbis
Salz, Pfeffer, Muskatnuss
1/2 l Rindssuppe
1/4 l Schlagobers

100 g Tempuramehl
0,1 l kaltes Wasser
100 g Hendlbrust
Salz, Pfeffer (Cayennepfeffer)
Öl zum Frittieren

ZUBEREITUNG

- Für die SUPPE die Zwiebeln schälen, in 1 cm dicke Würfel schneiden und in einem Topf mit ein wenig Olivenöl glasig schmoren.
- Den Kürbis entkernen und schälen, in ca. 5 cm große Würfel schneiden, zu den Zwiebeln geben und kurz mitrösten. Mit Salz, Pfeffer und geriebener Muskatnuss würzen, mit Weißwein ablöschen und reduzieren lassen.
- Mit Rindssuppe aufgießen und 1/2 Stunde kochen lassen. Das Schlagobers beigeben und weitere 15 Minuten kochen lassen. Danach mit einem Pürierstab fein mixen.
- Die Hendlbrust in fingerdicke Streifen schneiden, mit Salz und Cayennepfeffer würzen.
- Für den TEMPURATEIG das Tempuramehl mit Wasser und einer Prise Salz zu einem glatten Teig verrühren und die Hendlstreifen durch den Teig ziehen. In Öl bei ca. 160 °C goldgelb frittieren (ca. 7 Minuten).

ANRICHTEN

Die Suppe in eine Suppenschüssel gießen, die Hendlstückchen auf einem Holzspießchen aufspießen und über die Suppe legen.

SUPPE UND FRÜHLINGSROLLE
VOM WALDVIERTLER WEISSKRAUT

ZUTATEN

FÜR DIE SUPPE

1 Zwiebel
1 l Rindssuppe
1/2 Happel Weißkraut
1 roter Paprika
1 EL Tomatenmark
2 Jungzwiebeln
1 Knoblauchzehe
Olivenöl
Salz, Pfeffer
1/2 EL Waldviertler Kümmel
4 Tomaten
Zucker

FÜR DIE FRÜHLINGSROLLE

1/2 Happel Weißkraut
1 Zwiebel
1/2 EL Waldviertler Kümmel
Frühlingsrollenteig
Rapsöl zum Herausbacken
1 Ei

8 Kirschtomaten
Petersilie zum Garnieren

ZUBEREITUNG

- Für die SUPPE eine Zwiebel schälen und in feine Scheiben schneiden. Die Jungzwiebeln waschen und samt der unteren Hälfte vom Grünteil in 1–2 cm dünne Ringe schneiden.
- Den halben Krauthappel mit dem Krauthobel fein hobeln. Den Knoblauch fein schneiden. Den Paprika schälen, halbieren, entkernen und in Rauten schneiden. Tomaten enthäuten, entkernen und halbieren. Kirschtomaten ebenfalls enthäuten.
- Die Zwiebeln in etwas Olivenöl goldgelb rösten und mit Zucker karamellisieren. Paprika und Knoblauch zufügen, Tomatenmark kurz mitrösten und mit Rindssuppe aufgießen. Mit Salz, frischem Pfeffer, Kümmel abschmecken, Tomaten dazugeben und aufkochen lassen.
- Für die FRÜHLINGSROLLE eine Zwiebel schälen und feinblättrig schneiden. Das zweite halbe Krauthappel mit dem Krauthobel fein hobeln.
- Die Zwiebel in Olivenöl dünsten, gehobeltes Kraut dazugeben, dunkel rösten, mit Salz, Pfeffer und Kümmel würzen und kalt stellen!
- Die Mischung der Länge nach auf dem Frühlingsrollenteig verteilen und zu drei Viertel einrollen. Die Enden einschlagen, mit Eiweiß bestreichen, verschließen und fertig rollen. Danach die Frühlingsrollen schwimmend in Pflanzenöl herausbacken.

ANRICHTEN

Die rohen geschälten Kirschtomaten in eine Suppentasse geben, mit der Suppe übergießen und die Frühlingsrolle über die Suppentasse legen. Mit Petersilie garnieren.

TOMATENGAZPACHO
MIT MINIFEUERFLECK

ZUTATEN

5 reife Strauchtomaten
1 Bund Basilikum
1/2 Salatgurke, geschält
5 cl Fruchtessig (vorzugsweise Tomatenessig)
5 Eiswürfel
Salz, Pfeffer
Tabasco
1/2 Bund Petersilie
6 cl Olivenöl

1/2 kg glattes Mehl
1/2 Pkg. Trockengerm
4 cl Olivenöl
0,2 l lauwarmes Wasser

1/2 Avocado (ready to eat)
1 EL Pinienkerne
6 cl Olivenöl
Saft von einer 1/4 Zitrone
2 in kleine Würfel geschnittene Babytomaten

Basilikum zum Dekorieren

ZUBEREITUNG

- In einer Küchenmaschine Mehl, Germ, Olivenöl und Wasser zu einem geschmeidigen Teig kneten. 2 Stunden rasten lassen, dünn ausrollen und mit einem kleinen Ausstecher (Größe eines Whiskyglases) rund ausstechen und in einer Pfanne knusprig braten.
- Tomaten, Basilikumblätter, Salatgurke, Essig, Eiswürfel und Petersilienblätter im Mixglas fein mixen. Mit Tabasco, Salz und Pfeffer abschmecken und zum Schluss mit Olivenöl würzen.
- Avocado schälen, entkernen, in kleine Würfel schneiden, Pinienkerne und Tomatenwürfel dazugeben und mit Olivenöl, Salz, Pfeffer und Zitronensaft würzen.

ANRICHTEN

Gazpacho in einen tiefen Teller geben und mit Basilikum dekorieren. Die Avocadomasse auf den gebratenen Feuerfleck geben.

SPARGELSUPPE
MIT SPARGEL-BEEREN-CROSTINI

ZUTATEN FÜR DIE SUPPE

800 g frischer Spargel
1/2 l Rindssuppe (Fond)
1/2 l Schlagobers
Salz, Pfeffer
2 Zwiebeln (200 g)
1/8 l trockener Weißwein
Olivenöl
1 EL Zucker
14 g Salz
1/8 l Weißwein
1/2 Semmel oder Weißbrot

FÜR DIE CROSTINI

4 Scheiben Toastbrot
4 Stangen grüner Spargel
4 Stangen weißer Spargel
1 Tasse Himbeeren
5 Erdbeeren
2 cl Tomatenessig (ersatzweise Fruchtessig)
4 cl Olivenöl

Kresse zum Garnieren

ZUBEREITUNG

- Für die SPARGELSUPPE die Zwiebeln schälen und in 1/2 cm große Würfel schneiden.
- Den Spargel schälen und in einem schmalen Spargeltopf in etwa 1 Liter kochendem Wasser mit dem Zucker, dem Salz und dem Weißwein sowie einer Handvoll Weißbrotwürfel weich kochen (durch das Brot wird der Spargel nicht bitter).
- Aus dem Wasser herausnehmen und in 3–4 cm lange Stücke schneiden. Das Spargelwasser beiseitestellen.
- In etwas Olivenöl die Zwiebeln bei großer Hitze hellbraun anrösten, dann mit dem trockenen Weißwein ablöschen und fast bis zur Gänze einreduzieren lassen.
- Die Rindssuppe und den gekochten Spargel beigeben und ca. 3 Minuten köcheln lassen. Danach mit dem Schlagobers aufgießen, mit Salz und frischem Pfeffer aus der Mühle abschmecken und nochmals 10 Minuten leicht köcheln lassen. Anschließend mit einem Pürierstab fein mixen.

- Für die CROSTINI den Spargel schälen und ca. 3 cm vom unteren Spargelende abschneiden. Das zuvor beiseitegestellte Spargelwasser zum Kochen bringen und den Spargel darin bissfest kochen. Spargel kalt abschrecken und in 1 cm dicke Scheiben schneiden.
- Beeren in haselnussgroße Stücke schneiden und zum Spargel mischen, mit Essig und Öl marinieren.
- In einer Pfanne mit etwas Olivenöl Toastbrot knusprig anbraten und den Spargelsalat daraufgeben.

ANRICHTEN

Die Suppe mit dem Pürierstab aufschäumen, in Suppenteller gießen, etwas Kresse darüberstreuen und mit den Crostini garnieren.

Der unverbesserliche Besessene
Peter Paffrath hat vor einigen Jahren dem Stadtleben den Rücken gekehrt, um hier zusammen mit seiner Frau Steffi und seinen Kindern ein besseres Leben im Einklang mit seiner Umwelt zu führen. Aus dem kleinen Gemüsegarten ist ein großer biologischer Gemüseanbaubetrieb geworden – unter strikter Berücksichtigung der Mondphasen, mit eigenem Pferdemist, mit „belebtem Wasser" sowie unter ausschließlicher Verwendung von Kupferwerkzeugen und mit ständig neuen unkonventionellen alten Arbeitstechniken.

PETER'S LAND · 3872 Amaliendorf

GEMÜSEMINESTRONE
MIT WALDVIERTLER ZANDER

ZUTATEN

20 g Waldviertler Kümmel
Ein paar Fäden Wachauer Safran (oder spanischer Safran)
1 gelber Paprika
1 grüner Paprika
1/4 l Fischfond (Keinen flüssigen fertigen Fond verwenden, ist in der Regel von fragwürdiger Qualität!)
1 1/2 l Gemüsebouillon
3 Tomaten
10 Basilikumblätter
1 EL Paprikapulver
1 Jungzwiebel
1 Knoblauchzehe
2 Zwiebeln
Salz, Pfeffer
600 g Zanderfilet
1 Zitrone
3 EL Rapsöl

ZUBEREITUNG

- Für die MINESTRONE die Tomaten kreuzweise einritzen und in kochendem Wasser etwa 10 Sekunden überbrühen, herausnehmen, kalt spülen, enthäuten, halbieren und entkernen.
- Die Paprika von Strunk und Samen befreien, vierteln, von der inneren weißen Haut befreien und in kleine Rhomboide schneiden. Die Zwiebeln schälen und in Ringe schneiden.
- Die Fischfilets in 6 cm lange Stücke schneiden.
- Die Zwiebeln in Rapsöl goldbraun rösten lassen. Wenn diese schon glasig sind, den fein geschnittenen Knoblauch zufügen und blond werden lassen, danach noch die in Scheiben geschnittene Jungzwiebel dazugeben und kurz mitrösten.
- Den in Rauten geschnittenen Paprika mit den in Hälften geschnittenen Tomaten ebenfalls beigeben. Mit Paprikapulver stauben, kurz rösten und mit Fischfond sowie 1 1/2 Liter kochender Gemüsebouillon aufgießen.
- Mit Salz und frischem Pfeffer aus der Mühle abschmecken, ein paar zerstoßene Fäden Wachauer Safran und Kümmel zufügen und 20 Minuten köcheln lassen.
- Für das ZANDERFILET den Fisch mit Zitrone, Salz und Pfeffer würzen und in Öl scharf anbraten. Dabei zuerst bei hoher Temperatur auf der Hautseite braten, dann ein paar Sekunden mit der Fleischseite nach unten weiterbraten, vom Herd nehmen und zugedeckt ein wenig ziehen lassen.

ANRICHTEN

Die Minestrone in einen tiefen Suppenteller geben, dann den Fisch mittig daraufsetzen und mit frischen Basilikumblättern garnieren.

Am Kleinen Kamp:
die Hundertwassermühle (r. u.)

Restaurant

HAUPTSPEISEN

ROSA MILCHKALBSRÜCKEN

MIT SOLOSPARGEL UND KRÄUTERMAYONNAISE

ZUTATEN
FÜR DEN KALBSRÜCKEN

200 g Kalbsrücken
3 EL Senf
Salz, Pfeffer aus der Mühle

FÜR DEN SPARGEL

8 Stangen weißer Solospargel
1 alte Semmel
1/8 l Weißwein
2 EL Salz
4 l Wasser

FÜR DIE KRÄUTERMAYONNAISE

2 Eier (Dotter)
1/4 l Olivenöl
Saft von einer halben Zitrone
2 EL Senf
1 TL Zucker
Tabasco
Worcestersauce
1 Bund Petersilie
1 Bund Dille
1 Bund Schnittlauch
1 Bund Estragon

Kräuter und Kapernbeeren zum Garnieren

Bratenthermometer

ZUBEREITUNG

- Den KALBSRÜCKEN mit Salz und Pfeffer würzen und an allen Seiten scharf anbraten, mit Senf einstreichen und kurz weiterbraten. Dann im auf 80 °C vorgewärmten Backrohr bis zu einer Kerntemperatur von 53 °C (am Bratenthermometer) 60 Minuten lang fertig braten.
- Den SPARGEL schälen und die holzigen Endstücke wegschneiden. In kochendem Wasser mit Semmel, Weißwein, Zucker und Salz bissfest kochen.
- Für die KRÄUTERMAYONNAISE die Dotter in einen Schneekessel mit Senf, Salz, Zucker, Tabasco, Zitronensaft und Worcestersauce geben und vermischen. Unter ständigem Rühren langsam das Olivenöl eingießen, bis die Masse zu einer festen Mayonnaise wird. Gehackte Kräuter zufügen.

ANRICHTEN

Den Spargel in Butter schwenken, mit Salz und Zucker glacieren und auf einen länglichen Teller legen. Darauf den besonders dünn aufgeschnittenen kalten Kalbsrücken drapieren und darüber ein wenig Kräutermayonnaise geben. Schließlich mit frischen Kräutern und Kapernbeeren garnieren.

Adventure Cooking mit Thomas G. Eder von Helikopter-Tours-Austria

SCHWAMMERLTATAR
MIT GEMÜSE IN TEMPURATEIG UND ROSA GEBRATENEM KALBSRÜCKEN

ZUTATEN

400 g Kalbsrücken
Salz, Pfeffer
Olivenöl zum Anbraten

FÜR DAS GEMÜSE

1 Karotte
1 Gelbe Rübe
100 g Tempuramehl
1/8 l kaltes Wasser
Pflanzenöl zum Backen

FÜR DAS SCHWAMMERLTATAR

200 g Eierschwammerl
1 Zwiebel à 80 g
1 Knoblauchzehe
1 EL gehackte Petersilie

ZUBEREITUNG

- KALBSRÜCKEN salzen, pfeffern und in einer Pfanne mit Öl scharf anbraten. In das auf 120 °C vorgeheizte Backrohr geben und braten, bis eine Kerntemperatur von 57 °C erreicht ist.
- Für das SCHWAMMERLTATAR die Zwiebel schälen und in kleine Würfel schneiden, Schwammerl waschen und klein hacken, Knoblauch schälen und ebenfalls klein hacken. Zwiebel und Knoblauch in einer Pfanne mit Öl goldbraun rösten. Schwammerl dazugeben und mitrösten, mit Salz und Pfeffer abschmecken und zum Schluss gehackte Petersilie dazugeben. Tempuramehl und Wasser zu einem glatten Teig verrühren.
- Für das GEMÜSE Tempuramehl und Wasser zu einem glatten Teig verrühren. das Wurzelwerk schälen und in fingerdicke Stücke schneiden. Diese in Tempurateig wenden und schwimmend in Pflanzenöl backen.

ANRICHTEN

Das Tatar in die Mitte des Tellers geben und die tranchierten Kalbsrückenstücke daraufsetzen. Rundherum die Gemüsestücke platzieren.

KALBSSTELZE
MIT CORNFLAKESKRUSTE UND SCHMORTOMATEN

ZUTATEN

1 Kalbsstelze
250 g Butter (Zimmertemperatur)
4 Eier
100 g Cornflakes
100 g Parmesan
100 g Brösel
Salz, Pfeffer

1 Bund Rosmarin
2 Knoblauchzehen
2 Zwiebeln
8 Strauchtomaten

Salz, Pfeffer
1/4 l Weißwein
1/4 l Suppe

ZUBEREITUNG

- Für die CORNFLAKESKRUSTE in einer Küchenmaschine die Butter mit den Eiern schaumig schlagen. Cornflakes, Parmesan und Brösel dazugeben und durchrühren. Mit Salz und Pfeffer würzen. Diese Masse mit Hilfe einer Klarsichtfolie zu einer wurstartigen Stange rollen und ca. 3 Stunden kühl stellen.
- Die STELZE gleichmäßig rundherum mit Salz und Pfeffer würzen, mit Rosmarin, Knoblauchzehen (noch in der Haut) und dem Weißwein bei 140 °C für ca. 3 Stunden im Rohr garen. Etwa 30 Minuten bevor die Stelze fertig gegart ist, die in Würfel geschnittenen Zwiebeln und die halbierten Tomaten dazugeben und mitschmoren. Tomaten, Zwiebeln und Fleisch herausnehmen und warm stellen. Am Herd in der Bratpfanne Knoblauchzehen aus ihrer Haut herausdrücken, mit Suppe aufgießen, bei lebendiger Hitze den Bratenrückstand löschen und ein wenig reduzieren.
- Fleisch vom Knochen lösen, in 6 cm dicke Scheiben schneiden und die Würfel in eine Pfanne legen. Die gekühlte Cornflakeskruste in 1 cm dicke Scheiben schneiden und damit jeweils einen Fleischwürfel belegen. Etwa 5 Minuten unter den Grill stellen und gratinieren.
- Kurz vor dem Servieren am Herd den Bratensaft mit kalter Butter montieren.

ANRICHTEN

Die gratinierten Stelzenwürfel in die Mitte eines Tellers geben, mit Natursaft rundherum beträufeln und mit geschmorten Tomaten und Zwiebeln dekorieren.

MILCHKALBSKOTELETT
MIT GERÖSTETEN ERDÄPFELN UND KAPERN

ZUTATEN

800 g Milchkalbskotelett in einem Stück (8 ganz kleine oder 4 größere Koteletts)
2 EL Öl

1/8 l Jus (ersatzweise Suppe)

400 g gekochte speckige Erdäpfel
1 Zwiebel
1 Knoblauchzehe
1 Bund Jungzwiebeln
Frischer Thymian
Kapern

Kapernbeeren zum Anrichten

ZUBEREITUNG

- Zwiebeln und Knoblauch schälen und fein schneiden. Kalbskotelett mit Salz und Pfeffer würzen, scharf anbraten und im auf 85 °C vorgewärmten Backrohr bis zu einer Kerntemperatur (am Thermometer) von 55 °C garen.
- Die Erdäpfel in 1/2 cm dicke Scheiben schneiden und in Öl scharf anbraten, fein geschnittene Zwiebel und Knoblauch dazugeben, weiterrösten, schließlich kleine Kapern und Thymian zufügen. Mit Salz und Pfeffer aus der Mühle würzen.
- Koteletts aus dem Rohr geben, warm beiseitestellen und mit dem Jus den Bratensaft löschen und mit etwas Butter montieren.

ANRICHTEN

Koteletts zwischen den Knochen tranchieren, auf dem Teller mit gerösteten Erdäpfeln platzieren, mit den Kapernbeeren dekorieren und mit dem Jus beträufeln.

GESCHMORTER OCHSENSCHLEPP
MIT MAIS, MOHN & POLENTA

ZUTATEN

2 kg geschnittener Ochsenschlepp
2 Zwiebeln à 100 g
4 Karotten
1 Sellerie
2 Gelbe Rüben
1 Stange Lauch
2 EL Tomatenmark
2 l Rotwein
1 EL Pfefferkörner
1 EL Wacholderbeeren
5 Lorbeerblätter
1 Bund Thymian
1 l Rindssuppe
Öl zum Anbraten
Etwas Butter

Maispolenta mit Maiskörnern und Mohn (siehe Rezept Seite 166)

Parmesan und geschmorte Kirschtomaten zum Garnieren

ZUBEREITUNG

- Die Zwiebeln halbieren und mit der Schnittfläche nach unten in einem Topf mit ganz wenig Öl scharf anbrennen.
- Sellerie, Karotten und Gelbe Rüben schälen, in grobe Stücke schneiden, zu den Zwiebeln geben und mitrösten.
- Ochsenschlepp ebenfalls in einer Bratpfanne mit Öl scharf anbraten, tomatieren, mit Rotwein ablöschen und etwa bis zur Hälfte reduzieren lassen. Danach das geröstete Wurzelwerk, die Pfefferkörner, Wacholderbeeren, Lorbeerblätter und den Thymian beigeben und mit Rindssuppe aufgießen. Mit Alufolie zugedeckt bei 140 °C 3 1/2 Stunden schmoren.
- Ochsenschlepp aus dem Rohr nehmen, den Saft abseihen und noch etwas reduzieren lassen. Zum Schluss mit einer Butterflocke montieren.

ANRICHTEN

Ochsenschlepp in die Mitte des Tellers setzen, mit Jus nappieren, rundherum die Polenta-Rauten legen und mit Parmesanspänen und geschmorten Kirschtomaten garnieren.

GEKOCHTES RINDFLEISCH

MIT GEMÜSE-KREN-SACKERL

ZUTATEN

FÜR DEN TAFELSPITZ

500 g Tafelspitz
2 Karotten (200 g)
2 Gelbe Rüben (200 g)
1 Stange Lauch
2 Zwiebeln à 80 g
1 EL Wacholderbeeren
1 EL Pfefferkörner
5 Lorbeerblätter
1 Bund Petersilie
1/2 Knollensellerie

FÜR DAS GEMÜSE-KREN-SACKERL

4 Blätter Frühlingsrollenteig
2 Karotten
1/2 Knollensellerie
1 Gelbe Rübe
1 TL Honig
1 TL Krenpasta
1 EL Butter
Salz, Pfeffer
4 dünne Lauchstreifen vom grünen Teil zum Binden

ZUBEREITUNG

- Für den TAFELSPITZ Karotten, Rüben und Sellerie schälen und daraus eine etwa 2 cm dicke Mirepoix schneiden, Lauch in Ringe schneiden.
- Die Zwiebeln waschen, nicht schälen, und halbieren und auf einer glühenden Platte (eventuell in einem Kochtopf mit dickem Boden) mit der Schnittfläche nach unten anbrennen. Einen Topf mit kaltem Wasser zustellen, die Mirepoix, den Lauch, die angebrannten Zwiebeln sowie Wacholderbeeren, Pfeffer, Lorbeer und frische Petersilie dazugeben, zum Kochen bringen, die Temperatur reduzieren und das Fleisch zufügen und 2 – 2 1/2 Stunden langsam ziehen lassen.
- Für die GEMÜSETASCHEN Sellerie, Karotten und Gelbe Rübe schälen, in 2 cm große Würfel schneiden und in kochendem Salzwasser (am besten in einem Nudeltopf) ca. 20 Sekunden kurz blanchieren, herausnehmen und abseihen. Das Gemüse in Butter schwenken, mit Honig, Krenpasta, Salz und Pfeffer würzen. Jeweils in die Mitte der Frühlingsrollenblätter etwas Gemüse geben, kleine Sackerl formen und mit einem Lauchstreifen binden. Schwimmend in Öl knusprig backen.

ANRICHTEN

Das Fleisch in einer Stärke von 1 1/2 – 2 cm schneiden (gegen die Fleischfaser), in einen tiefen Teller legen, mit etwas Suppe befeuchten, darauf je ein Gemüsesackerl setzen und mit frisch gerissenem Kren bestreuen.
Im Restaurant servieren wir dazu gerne Erdäpfel-Cannelloni (siehe Rezept Seite 128).

Der Bio-Mutterkuhbetrieb Gaubitzhof
der Familie Auer in Altmelon

RINDSWANGERL MIT BASILIKUMPESTO

ZUTATEN

600 g Rindswangerl (Backerl)
Salz, Pfeffer
2 EL Estragonsenf
2 l Rotwein

5 Karotten (ca. 300 g)
1 Knollensellerie (ca. 200 g)
5 Gelbe Rüben (à 40 g)
1 Stange Lauch (150 g)
1 TL Wacholderbeeren
5 Lorbeerblätter
Olivenöl zum Anbraten
2 Zwiebeln (à 80 g)
2 EL Tomatenmark
1 TL Pfefferkörner

FÜR DAS PESTO

20 Basilikumblätter
10 grüne Oliven
40 g Pinienkerne
50 g Parmesan
1/16 l Olivenöl, kalt gepresst

20 g Butter
Parmesan und Basilikum zum Dekorieren

ZUBEREITUNG

- Die RINDSWANGERL zuputzen (von den Sehnen befreien), mit Salz und Pfeffer würzen und in einem Topf in etwas Olivenöl scharf von allen Seiten anbraten; mit Senf bestreichen und kurz weiterbraten. Die Wangerl aus dem Topf nehmen und in eine Bratpfanne geben. Bratrückstand aus dem Topf mit Rotwein ablöschen und bereitstellen.
- In der Bratpfanne die Zwiebelhälften mit der Schnittfläche nach unten bis zu einer dunkelbraunen Farbe scharf anbraten. Das grob geschnittene Wurzelwerk mit dem Lauch dazugeben und scharf mitrösten (nicht zu lange, sonst wird es bitter). Dann tomatieren (das Tomatenmark rösten) und gleich mit dem bereitgestellten Rotwein mit dem Bratrückstand ablöschen und etwa auf ein Drittel reduzieren lassen. Die Rotweinreduktion über das Fleisch gießen, Wacholderbeeren und Lorbeerblätter dazugeben und mit einer Alufolie abgedeckt bei 140 °C ca. 2 1/2 – 3 Stunden im Rohr schmoren.
- Für das PESTO Oliven entkernen und zusammen mit Basilikum, Pinienkernen, Parmesan und Olivenöl im Cutter fein hacken. Mein Tipp dazu etwa 2 cl Sodawasser beigeben, somit bleibt das Pesto schön grün.
- Das Fleisch aus dem Ofen nehmen und beiseitestellen. Den Saft durch ein Sieb abseihen, mit 2–3 Esslöffel geschmortem und püriertem Wurzelwerk mischen und am Herd mit etwas kalter Butter montieren.

ANRICHTEN

Das Fleisch gegen die Faser ca. 3 cm dick aufschneiden. Die Scheiben in die Mitte des Tellers setzen und etwas Rotweinjus darübergießen. Mit dem Pesto rundherum beträufeln und mit schönen großen Parmesanspänen und Basilikum dekorieren. Im Restaurant servieren wir dazu gerne frittierte Jungzwiebeln und in Tempurateig gebackene Kapernbeeren.

GERÖSTETE KNÖDEL MIT EIERSCHWAMMERLN UND ROSA BEIRIEDSCHNITTE

ZUTATEN

600 g Beiried
2 EL Estragonsenf
Salz, Pfeffer, Rosmarin

3 Erdäpfelknödel (übrig gebliebene bzw. siehe Rezept Seite 163)
Öl zum Anbraten
Butter zum Anbraten

300 g Eierschwammerl
4 Jungzwiebeln
2 rote Zwiebeln
1 Knoblauchzehe
4 Eier
1 Bund Schnittlauch
Salz, Pfeffer

Bratenthermometer

ZUBEREITUNG

- Das Beiried mit Salz und Pfeffer würzen, in einer Pfanne mit etwas Öl auf beiden Seiten scharf anbraten, mit Senf bestreichen und weiter anbraten. Mit frischem Rosmarin bedecken und in dem auf 80 °C vorgewärmten Rohr ca. 2 Stunden bis zu einer Kerntemperatur (mit dem Bratenthermometer in der Mitte des Fleisches gemessen) von 56 °C rosa braten.
- Die Schwammerl putzen, den Knoblauch schälen und in 1 mm dünne Scheiben schneiden, die Zwiebel schälen, die Jungzwiebeln waschen und ebenfalls in Scheiben schneiden.
- Die Knödel in 1/2 cm dicke Scheiben schneiden und in halb Öl, halb Butter in einer Pfanne beidseitig knusprig anbraten. Danach Zwiebeln, Jungzwiebeln und Schwammerl dazugeben und für 2 Minuten mitrösten. Den Knoblauch beifügen und ca. 1 Minute mitrösten.
- Zum Schluss die verquirlten Eier dazugießen und immer wieder rühren, bis die Eier leicht stocken. Die Masse sollte aber saftig bleiben!

ANRICHTEN

Das Beiried in 1/2 cm dünne Tranchen schneiden, pro Portion sind ca. 2–3 Tranchen gedacht. Die gerösteten Knödel in die Mitte des Tellers legen und das Fleisch leicht überlappend seitlich darauf drapieren. Mit Schnittlauch garnieren.

SCHERMRIPPERL
VOM WALDVIERTLER WEIDERIND MIT WASABI-ERBSENCREME

ZUTATEN

800 g Schermripperl (Beinfleisch) vom Waldviertler Weiderind
2 l Rindssuppe

400 g Erbsen (Tiefkühlerbsen)
1 Zwiebel (80 g)
1/16 l Weißwein
Öl zum Anbraten
1 EL Wasabi
8 cl Schlagobers
2 EL Butter
Salz, Pfeffer

100 g Erbsenschoten
100 g Sojasprossen
1 EL Butter
1 TL Kristallzucker

ZUBEREITUNG

- Die Ripperl ca. 2 1/2 Stunden in der Rindssuppe sieden lassen.
- Erbsenschoten in Julienne schneiden. Zwiebel schälen, in Würfel schneiden und in einem Topf mit Öl rösten. Mit Weißwein löschen, bis zur Hälfte reduzieren lassen, die Erbsen zufügen und 5 Minuten mitschwenken.
- Mit Schlagobers aufgießen und nochmals kurz aufkochen lassen.
- Danach mit Wasabi und kalter Butter aufmixen.
- Erbsenschoten und Sojasprossen in Butter und Zucker glacieren und mit Salz und Pfeffer abschmecken.

ANRICHTEN

Die Erbsencreme mit einem Löffel schwungvoll auf den Teller streichen.
Die noch warmen Schermripperl auf das Sprossengemüse setzen und mit ein paar Tupfen Wasabicreme dekorieren.

REISFLEISCH VOM WALDVIERTLER WEIDERIND MIT GARNELEN

ZUTATEN

5 Zwiebeln (insgesamt etwa 400 g)
Rapsöl
3 EL Paprikapulver (halb mild, halb scharf)
1 EL Estragonsenf
1/16 l Apfelessig
1/2 kg Wadschinken vom Weiderind (in Deutschland „Hesse" genannt, in Frankreich „Jarret")
1/2 l Suppe
1 EL Wacholderbeeren
1 EL Pfefferkörner
3 Lorbeerblätter
125 g Langkornreis
Tabasco

1 kg Garnelen ohne Kopf mit Schale
1 Zitrone
Salz, Pfeffer
Olivenöl

Rosmarin zum Garnieren

ZUBEREITUNG

- Für das REISFLEISCH die Zwiebeln in kleine Würfel (ca. 4 cm) schneiden und langsam in Rapsöl dunkelbraun rösten (je schöner und gleichmäßiger die Zwiebeln geröstet sind, umso sämiger wird der Saft).
- Mit Paprika stauben, Senf beigeben und kurz mitrösten, mit Essig ablöschen und das in Würfel geschnittene Fleisch dazugeben, mit 1/2 Liter Suppe bedecken und zum Kochen bringen. Wacholderbeeren, Pfefferkörner und Lorbeerblätter (am besten in einem Gewürzsackerl) zufügen und so lange bei etwa 90 °C sieden lassen (etwa 30 Minuten), bis das Fleisch weich ist.
- Den Reis dazugeben und noch ca. 20 Minuten köcheln lassen (bis der Reis weich ist).
- Mit Salz, Pfeffer und ein wenig Tabasco abschmecken.
- Die GARNELEN mit Zitrone, Salz und Pfeffer würzen und in etwas Olivenöl 2 bis maximal 3 Minuten (je nach Größe) scharf anbraten. Innen sollten die Garnelen noch glasig sein.

ANRICHTEN

Das Reisfleisch in einen Anrichtring geben, die Garnelen daraufsetzen und mit frischem Rosmarin garnieren.

AUSGELÖSTE SCHWEINSRIPPERL

MIT CALAMARI UND PETERSILIENWURZELCREME

ZUTATEN

500 g Schweinsripperl
5 Karotten
5 Gelbe Rüben
1 Knollensellerie
1 gestr. KL Salz
Pfeffer
Kümmel
1 TL Currypulver
1 TL Paprikapulver
3 EL Honig
8 cl Sojasauce

4 Calamari
1 Zitrone
Salz, Pfeffer
1 EL glattes Mehl

400 g Petersilienwurzel
100 g Butter
1/8 l Obers
Petersilienblätter

ZUBEREITUNG

- Für die SCHWEINSRIPPERL den Honig, die Sojasauce, den Curry, das Paprikapulver, den Kümmel, das Salz und etwas Pfeffer aus der Pfeffermühle vermengen und damit die Ripperl einstreichen. 1/8 Liter Wasser zufügen und im auf 140 °C vorgeheizten Backrohr ungefähr 1 Stunde braten. Karotten und Gelbe Rüben schälen, grob schneiden und etwa 30 weitere Minuten mitbraten.
- Wenn sich die Knochen vom Fleisch lösen, die Ripperl herausnehmen und die Knochen entfernen. Das Fleisch und das Gemüse aus der Bratpfanne nehmen, kleinwürfelig schneiden und in eine Schüssel geben. Die Hälfte des Bratenrückstands bzw. Bratenfetts in die Schüssel gießen, gut mischen, in kleine Darioles pressen und über Nacht kalt stellen.
- Für die PETERSILIENWURZELCREME die Wurzel schälen, kleinwürfelig schneiden und in einem Topf mit kochendem Salzwasser bissweich kochen. Herausnehmen und abseihen. Die Wurzel zusammen mit Butter, Petersilblättern und Obers in ein Mixerglas geben und fein mixen.
- Die CALAMARI sorgfältig putzen, in 5 mm breite Ringe schneiden, mit Zitronensaft, Salz und Pfeffer aus der Mühle würzen, leicht mehlieren und schwimmend in heißem Öl frittieren.

ANRICHTEN

Die Darioles auf ein Dessertteller stürzen und im auf gut 160 °C vorgewärmten Backrohr (2 Teller oben, 2 Teller unten) 4 Minuten wärmen. Herausnehmen, auf die Ripperlplätzchen die knusprigen Calamari setzen und mit einem breiten Pinsel in einer zügigen Bewegung die Creme auf den Teller streichen.

Stift Zwettl (l. o.) · Burg Rappottenstein (r. o.) · Schloss Rosenau bei Zwettl (o.) · Burg Ottenstein (r.)

SCHWEINERNES
MIT KRAUT UND RÜBEN

ZUTATEN FÜR DEN SCHWEINEBAUCH

600 g Schweinebauch
2 EL Kümmel
2 Knoblauchzehen
Salz, Pfeffer

FÜR DAS KRAUTFLEISCH

1/2 Happel Weißkraut (250 g)
200 g Schweinsschulter
2 Zwiebeln
3 cl Fruchtessig
1/2 l Gemüsefond
1/2 EL Wacholderbeeren
1/2 EL Pfefferkörner
1 Lorbeerblatt
1 1/2 EL Paprikapulver (edelsüß)
1 EL Estragonsenf
Rapsöl zum Anbraten
Tabasco

FÜR DIE ROTE-RÜBEN-CREME

3 frische Rote Rüben (à 80 g)
8 cl Balsamicoessig
50 g kalte Butter

FÜR DEN SCHWEINSLUNGENBRATEN

1 St. Schweinslungenbraten (400 g)
Olivenöl

ZUBEREITUNG

- Für das KRAUTFLEISCH die Schweinsschulter in 3 cm große Würfel schneiden.
- Die 2 Zwiebeln schälen, kleinwürfelig schneiden und in Rapsöl langsam goldbraun rösten. Die Zwiebeln paprizieren, Senf dazugeben und ganz kurz mitrösten (Vorsicht, dürfen nicht bitter werden) und mit dem Fruchtessig ablöschen.
- Das in Würfeln geschnittene Fleisch dazugeben und mit dem Gemüsefond aufgießen. Pfefferkörner, Wacholderbeeren und Lorbeerblatt beigeben. Etwa 2 1/2 Stunden kochen lassen.
- Das Kraut mit dem Krauthobel hobeln und 15 Minuten mit dem Fleisch mitkochen. Mit Salz, Pfeffer und etwas Tabasco würzen.
- Für den SCHWEINEBAUCH den Knoblauch schälen und fein schneiden. Den Schweinebauch mit Salz, Pfeffer und Kümmel würzen und mit dem fein gehackten Knoblauch auf der Fleischseite einreiben. Das Bauchfleisch mit der Schwarte nach unten in einer Pfanne, den Boden 4 mm mit Wasser bedeckt, im auf 140 °C vorgewärmten Backrohr 10 Minuten garen.
- Danach das Fleisch herausnehmen und auf der Hautseite einschneiden (so kann das Fett besser austreten und die Haut wird knuspriger). Wieder etwas Wasser zugeben und diesmal mit der Hautseite nach oben wieder im Backrohr bei 140 °C 3 1/2 Stunden unter regelmäßigem Begießen garen. Eventuell etwas Wasser zufügen, sodass der Bratensaft nicht verkrustet. Herausnehmen und vor dem Servieren quer zum Stück in 4–5 cm dicke Würfel schneiden. Den Bratenfond mit einem Holzlöffel durchmischen.
- Für die ROTE-RÜBEN-CREME die Roten Rüben schälen, in 3 x 3 cm große Würfel schneiden, in Alufolie einpacken und bei 140 °C 40 Minuten weich schmoren. Die noch heißen, weich gekochten Roten Rüben gemeinsam mit Butter und Balsamico zu einer cremigen Masse mixen und mit Salz und frischem Pfeffer würzen.
- Für den SCHWEINSLUNGENBRATEN das Fleisch mit Salz und Pfeffer würzen, in etwas Olivenöl scharf anbraten und im auf 160 °C vorgeheizten Backrohr etwa 14 Minuten garen.

ANRICHTEN

Die Rote-Rüben-Creme schwungvoll mit einem Pinsel auf den Teller streichen und das Schweinsfilet darauf platzieren.
Das Kraut daneben anrichten und den Schweinebauch daraufsetzen.
Im Restaurant beträufeln wir als Abrundung das Gericht rundherum mit etwas Basilikumpesto (siehe Rezept Seite 110).

WALDVIERTLER KRAUTFLEISCH
MIT GARNELEN UND GRAMMELKNÖDELN

ZUTATEN
FÜR DAS KRAUTFLEISCH

1 Happel Weißkraut
400 g Schweinsschulter
5 Zwiebeln
6 cl Fruchtessig
2 l Gemüsefond
1 EL Wacholderbeeren
1 EL Pfefferkörner
3 Lorbeerblätter
3 EL Paprikapulver (edelsüß)
2 EL Estragonsenf
Rapsöl zum Anbraten
Tabasco
Salz, Pfeffer

FÜR DIE GARNELEN

12 Garnelenschwänze
Saft von 2 Zitronen
Olivenöl

FÜR DIE GRAMMELKNÖDEL

600 g mehlige Erdäpfel
200 g Stärke
Muskatnuss
100 g Grammeln
1 Ei
1 Knoblauchzehe
1 Bund Schnittlauch
1 EL Butter

ZUBEREITUNG

- Für das KRAUTFLEISCH die Schweinsschulter in drei Zentimeter große Würfel schneiden.
- Die Zwiebeln schälen, kleinwürfelig schneiden und in Rapsöl langsam goldbraun rösten.
Die Zwiebeln paprizieren, Senf dazugeben und ganz kurz mitrösten (Vorsicht, darf nicht bitter werden) und mit dem Fruchtessig ablöschen.

- Das in Würfel geschnittene Fleisch dazugeben und mit dem Gemüsefond aufgießen. Pfefferkörner, Wacholderbeeren und Lorbeerblätter beigeben und etwa 2 1/2 Stunden sieden lassen.
- Das Kraut mit dem Krauthobel hobeln und 15 Minuten lang mit dem Fleisch mitkochen. Mit Salz, Pfeffer und etwas Tabasco würzen.
- Für die GRAMMELKNÖDEL die Erdäpfel waschen, weich kochen, schälen und im auf 120 °C vorgeheizten Backrohr 10 Minuten ausdämpfen lassen. Danach in heißem Zustand die Erdäpfel durch eine Erdäpfelpresse drücken, Stärke, Salz, Pfeffer und geriebene Muskatnuss einarbeiten.
- Für die Grammelfülle den Knoblauch schälen und in dünne Scheiben schneiden. In Butter leicht dünsten, ohne Farbe annehmen zu lassen, und ein geschlagenes Ei dazugeben und kurz mitbraten lassen. Danach die Grammeln und den klein geschnittenen Schnittlauch daruntermischen, daraus kleine Knödel formen und für eine halbe Stunde ins Gefrierfach geben. Anschließend die Grammelknödel mit dem Erdäpfelteig ummanteln und in Salzwasser 15 Minuten bei 95 °C leicht kochen.
- Kurz vor dem Servieren die GARNELENSCHWÄNZE mit Zitrone, Salz und Pfeffer würzen und in Olivenöl scharf und kurz (ca. 1 Minute auf jeder Seite) braten.

ANRICHTEN

In die Mitte des Tellers das Krautfleisch setzen, darauf die Grammelknödel legen und rundherum je 3 Garnelenschwänze platzieren. Im Restaurant servieren wir zu diesem Gericht gerne eine Paprikaglace (siehe Rezept Seite 58).

SCHWEINEBAUCH
MIT CALAMARI, PAPRIKAKRAUT UND ERDÄPFELKNÖDEL

ZUTATEN FÜR DEN SCHWEINEBAUCH

600 g Schweinebauch
2 EL Kümmel
2 Knoblauchzehen
Salz, Pfeffer

FÜR DAS PAPRIKAKRAUT

1 Happel Weißkraut
1 Zwiebel
2 Knoblauchzehen
2 gelbe Paprika
4 EL Paprikapulver
1 l Wasser
2 EL Kristallzucker

FÜR DIE ERDÄPFELKNÖDEL

800 g mehlige Erdäpfel
200 g Erdäpfelstärke
Etwas geriebene Muskatnuss

FÜR DIE CALAMARI

4 Calamari
2 Zitronen
2 EL Mehl

ZUBEREITUNG

- Für den SCHWEINEBAUCH den Knoblauch schälen und fein schneiden. Den Schweinebauch mit Salz, Pfeffer und Kümmel würzen und mit dem fein gehackten Knoblauch auf der Fleischseite einreiben. Das Bauchfleisch mit der Schwarte nach unten in einer Bratenpfanne, deren Boden ca. 4 mm hoch mit Wasser bedeckt ist, im auf 140 °C vorgewärmten Backrohr 10 Minuten garen. Danach das Fleisch herausnehmen und auf der Hautseite einschneiden (so kann das Fett besser austreten und die Haut wird knuspriger). Wieder etwas Wasser dazugeben und diesmal mit der Hautseite nach oben im Backrohr bei 140 °C 3 1/2 Stunden unter regelmäßigem Begießen garen. Eventuell etwas Wasser zugeben, sodass der Bratensaft nicht verkrustet. Herausnehmen und vor dem Servieren quer zum Fleischstück in 4–5 cm dicke Würfel schneiden. Den Bratenfond mit einem Holzlöffel durchmischen.
- Für die KNÖDEL die Erdäpfel weich kochen, schälen und noch heiß durch die Erdäpfelpresse drücken (nicht mixen, sonst werden sie klebrig!).Stärke dazugeben, mit Salz, Pfeffer und geriebener Muskatnuss würzen und zu einem glatten Teig kneten. Die kleinen Knödel formen und ca. 20 Minuten in kochendem Salzwasser garen.
- Das KRAUT hobeln und leicht salzen. Die Zwiebel schälen und in Scheiben schneiden. Die Paprika entkernen, schälen und ebenfalls in Scheiben schneiden.
- Die Zwiebel in etwas Öl blond schmoren lassen, die Paprikastücke zufügen, noch etwas rösten und am Ende mit dem Zucker leicht karamellisieren, paprizieren und mit Essig ablöschen. Kraut dazugeben und mit 1 Liter Wasser aufgießen. So lange kochen lassen, bis das Kraut weich und noch al dente ist (etwa 10 Minuten).
- Die CALAMARI putzen und in Ringe schneiden, kurz vor dem Servieren mit etwas Zitronensaft, Salz und Pfeffer würzen, mehlieren und schwimmend in Pflanzenöl herausbraten.

ANRICHTEN

Zuerst das Kraut auf den Teller geben, den Schweinebauch daraufsetzen, daneben die Knödel platzieren und schließlich die knusprigen Calamari darauflegen.
Im Restaurant beträufeln wir dieses Gericht noch rundherum mit etwas Basilikumpesto (siehe Rezept Seite 110).

ZUTATEN

600 g Wildschweinrücken
Salz, Pfeffer
1 Bund Rosmarin
1/8 l Suppe
4 cl Olivenöl zum Anbraten

Tomatenpesto
(siehe Rezept Seite 168)
1 EL Butter
Nudelteig
(siehe Rezept Seite 150)
Parmesan und Basilikumblätter zum Garnieren

Bratenthermometer

ZUBEREITUNG

- Den Wildschweinrücken mit Salz und Pfeffer würzen und in einer Pfanne mit ein wenig Olivenöl auf allen Seiten scharf anbraten.
- Die Pfanne mit dem Wildschweinrücken in ein auf 80 °C vorgewärmtes Backrohr schieben und bis zu einer Kerntemperatur von 56 °C am Bratenthermometer (im Fleisch platziert) ca. 40 Minuten braten. Aus dem Rohr herausnehmen, das Fleisch beiseitegeben und auf dem Herd mit etwas Suppe den Bratenrückstand aus der Pfanne ablöschen.
- Währenddessen den Nudelteig in 1–2 mm dünne Bahnen ausrollen und daraus 4 (ca. 15 x 7 cm große) Rechtecke schneiden. Die Rechtecke in kochendem Salzwasser al dente kochen, herausnehmen, abtropfen und in Butter schwenken.
- Diese Nudelrechtecke auf Backpapier legen, mit Tomatenpesto bestreichen, den in 7 cm lange Stücke geschnittenen Wildschweinrücken darauflegen und zu Cannelloni rollen. Kurz vor dem Servieren den Bratenrückstand mit einer kalten Butternuss montieren.

ANRICHTEN

Die Cannelloni mit dem montierten Saft nappieren. Mit Parmesan und Basilikumblättern dekorieren.
Im Restaurant servieren wir dazu gerne Rotweinzwiebeln.

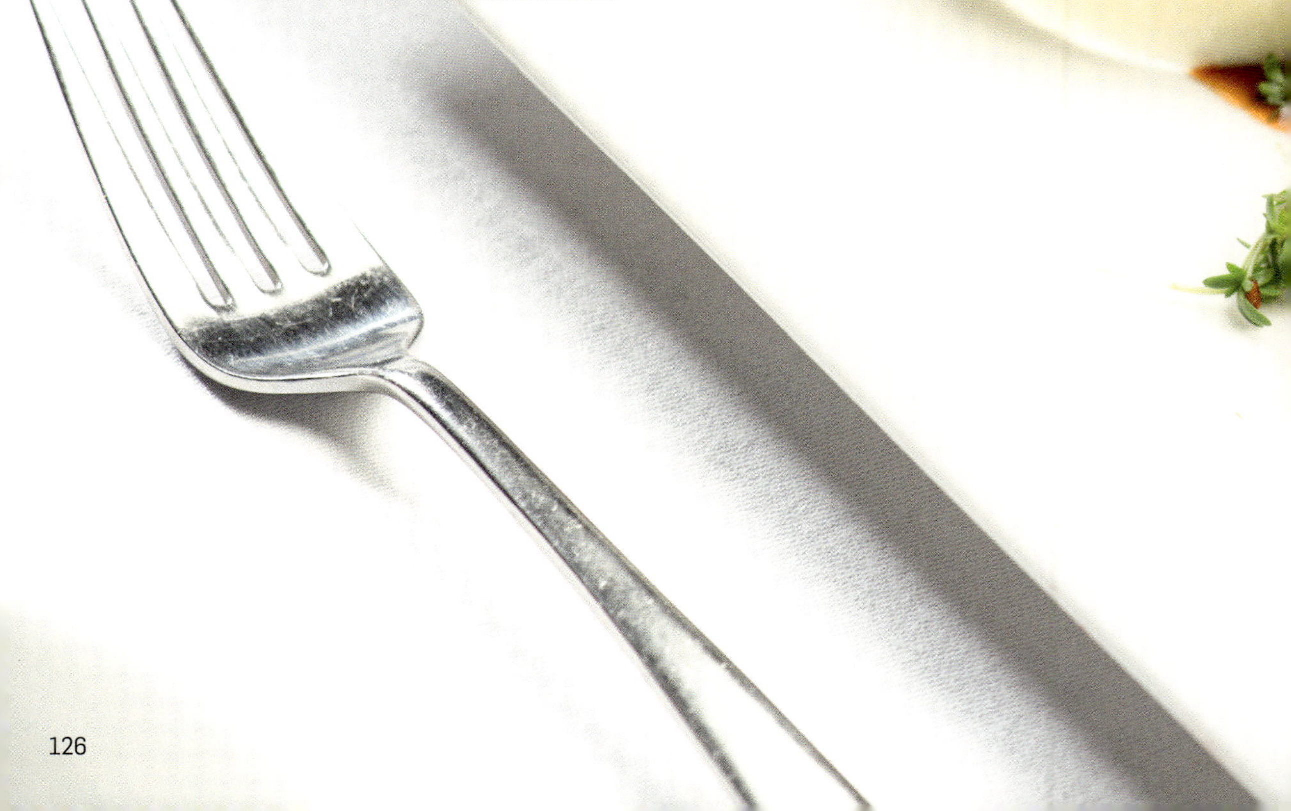

CANNELLONI

VOM WILDSCHWEINRÜCKEN MIT TOMATENPESTO UND PARMESAN

REHRÜCKEN MIT
ERDÄPFEL-CANNELLONI UND SELLERIECREME

ZUTATEN

600 g Rehrückenfilet
1 TL Wacholderbeeren
6 EL Jus oder Suppe
Öl zum Anbraten
50 g Butter

FÜR DIE ERDÄPFEL-CANNELLONI

1 kg mehlige Bio-Erdäpfel
200 g Butter
Salz, Pfeffer, Muskatnuss
1/16 l Schlagobers
1 großer Erdapfel (250–300 g)

FÜR DIE SELLERIECREME

200 g Knollensellerie
100 g Butter
1 Zitrone
Zucker

Rosmarin und Thymian zum Garnieren

ZUBEREITUNG

- Für die SELLERIECREME den Sellerie schälen, in grobe Würfel schneiden, weich kochen, abseihen und dann mit Butter, Salz, Pfeffer, etwas Zucker und Zitronensaft fein pürieren und glatt mixen.

- Für die ERDÄPFEL-CANNELLONI die Bio-Erdäpfel weich kochen, schälen und durch eine Erdäpfelpresse drücken. Unter ständigem Rühren mit Butter, Schlagobers, Salz, Pfeffer und geriebener Muskatnuss mischen, auskühlen lassen und in einen Spritzbeutel füllen (glatte Tülle).

- In der Zwischenzeit den großen Erdapfel in sehr feine Scheiben schneiden (am besten mit der Schneidemaschine) und in Fett pochieren, ohne Farbe annehmen oder knusprig werden zu lassen. Anschließend 5–6 Scheiben schuppenförmig auf einer Küchenrolle auflegen, mit Erdäpfelpüree aus dem Spritzbeutel füllen und mit Hilfe der Küchenrolle zu einer Rolle formen. Diese Rolle in einer Pfanne mit etwas Pflanzenöl rundherum goldbraun anbraten.

- Den REHRÜCKEN mit Salz, Pfeffer und fein zerstoßenen Wacholderbeeren würzen und in einer Pfanne scharf anbraten. Danach im auf 160 °C vorgeheizten Backrohr 8 Minuten braten. Herausnehmen und bei 50 °C mit einer Alufolie zugedeckt 5 weitere Minuten rasten lassen.

- Für den NATURSAFT das überschüssige Fett ausleeren und in der Pfanne, am besten mit etwas warmer Jus (siehe Rezept Seite 167) oder mit etwas Suppe, den Bratensaft ablöschen, schließlich bei starker Hitze mit etwas kalter Butter montieren.

ANRICHTEN

Die Cannelloni und die Selleriecreme nebeneinander anrichten. Auf der Selleriecreme den Rehrücken platzieren, mit frischem Rosmarin und Thymian garnieren und mit dem Natursaft beträufeln. Eventuell etwas Preiselbeerkompott dazu servieren.

Stimmungsvoller Abschluss einer Jagd: das „Verblasen der Jagdstrecke"

ZUTATEN

600 g Rehrücken
8 EL Jus (siehe Rezept Seite 167)
Salz, Pfeffer, Majoran
Öl zum Anbraten
Etwas kalte Butter

100 g Cranberrys
0,07 l Wasser
1 Zimtrinde
50 g Zucker
1 Msp. Kardamom
2 Gewürznelken
Salz, Pfeffer

Selleriecreme (siehe Rezept Seite 128)
Schupfnudeln (siehe Rezept Seite 162)

ZUBEREITUNG

- Die CRANBERRYS in einem Topf mit Wasser, Zimtrinde, Zucker, Kardamom und Gewürznelken zum Kochen bringen. Unter ständigem Rühren ca. 6 Minuten leicht köcheln lassen. Die Schupfnudeln sowie die Selleriecreme laut Rezept zubereiten.
- Den REHRÜCKEN mit Salz und Pfeffer würzen, in einer Pfanne mit Öl von allen Seiten scharf anbraten und im auf 160 °C vorgewärmten Backrohr 8–9 Minuten garen.
Den Rehrücken aus dem Rohr herausnehmen und auf einem warmen Teller zugedeckt 2–3 Minuten rasten lassen. Am Herd den Bratenrückstand vom Boden der Bratpfanne mit der Jus löschen und mit einem nussgroßen Stück kalter Butter montieren.

ANRICHTEN

Den Rehrücken leicht schräg aufschneiden. Die Selleriecreme schwungvoll mit einem Pinsel auf den Boden des Tellers streichen, den Rehrücken darauflegen und Schupfnudeln und Cranberrys locker darüberstreuen.
Zum Schluss mit montierter Jus nappieren.

REHRÜCKEN MIT CRANBERRYS, SELLERIECREME UND SCHUPFNUDELN

Der Bewahrer
In einer Domäne, wo eine nahezu flächendeckende geschmackliche Uniformierung, natürlich auch sensorische Verflachung durch Großkonzerne herrscht, gelingt es Karl Schwarz, der aus einer alten Zwettler Brauereifamilie stammt, noch immer, ein echtes Familienunternehmen zu führen. Damit bewahrt er eine regionale Tradition und schafft die Möglichkeit, Biere mit sehr individuellem Charakter zu brauen.

PRIVATBRAUEREI ZWETTL 3910 Zwettl

PERLHUHNBRUST
MIT SARDELLEN, PETERSILIE UND MEDITERRANEN GEMÜSETAGLIATELLE

ZUTATEN

4 Perlhuhnbrüste
Salz, Pfeffer
2 Thymianzweiglein
1 Bund Petersilie
Olivenöl zum Anbraten
8 Sardellen

500 g Nudelteig (siehe Rezept Seite 150)
2 EL Butter

1 rote Zwiebel
30 g Erbsenschoten
1 Karotte

30 g getrocknete Tomaten
2 EL Basilikumpesto
50 g Jungspinat
10 Oliven

Etwas Parmesan und Basilikum zum Dekorieren

ZUBEREITUNG

- Karotte schälen und mit Erbsenschoten in 1/2 cm dicke Julienne schneiden.
- Oliven entkernen, Sardellen fein hacken und die getrockneten Tomaten in feine Julienne schneiden.
- Jungspinat waschen und trocknen und Zwiebel in Scheiben schneiden.
- Perlhuhnbrüste salzen und pfeffern. Die Haut von den Brüsten leicht lösen, sodass eine Tasche entsteht, und mit einer Mischung aus abgezupftem Thymian, Petersilie und Sardellen füllen.
- In einer Pfanne mit etwas Olivenöl und Butter die Perlhuhnbrüste scharf anbraten (zuerst auf der Hautseite). Danach bei 160 °C für ca. 15 Minuten im Backrohr braten.
- Zwiebel in Butter dünsten, die Gemüsejulienne dazugeben, mit Salz und Pfeffer würzen und ca. 5 Minuten unter wiederholtem Schwenken weiterdünsten. Danach die geschnittenen getrockneten Tomaten, die Oliven und das Pesto dazugeben und kurz (etwa 1 Minute) mitschwenken.
- Den Nudelteig in 1–2 mm dünne Bahnen ausrollen und aus diesen 1 cm breite Tagliatelle schneiden. Die Tagliatelle in kochendem Salzwasser etwa 40 Sekunden al dente kochen. Danach zum Gemüse geben und gemeinsam mit dem noch rohen Spinat und etwas Butter kurz durchschwenken.

ANRICHTEN

Perlhuhnbrüste aus dem Rohr nehmen und schräg in zwei Hälften schneiden, auf die Tagliatelle setzen und mit Basilikum und Parmesan garnieren.

GERÖSTETE REHLEBER MIT ERDÄPFELN UND SCHWARZEN CHAMPIGNONS

ZUTATEN

400 g Rehleber, in 1 1/2–2 cm dicke Scheiben geschnitten
Etwas kalte Butter
1 Zwiebel (80 g)
2 EL Preiselbeeren
1 cl Balsamico-Glace
1/8 l Rindssuppe
5 EL Jus, ersatzweise 1/8 l Rindssuppe auf 1/5 reduziert
50 g Speck
Frischer Majoran nach Geschmack
Öl zum Anbraten
4 mittelgroße Bio-Erdäpfel (etwa gleich große)
Olivenöl
Pfeffer, Meersalz

FÜR DIE DUXELLES

150 g weiße Champignons
1 Zwiebel (80 g)
Etwas Rapsöl
Frischer Thymian nach Geschmack

ZUBEREITUNG

• Die ERDÄPFEL waschen (nicht schälen), in 1/2–2/3 cm dicke Scheiben schneiden und im auf 180 °C vorgeheizten Backrohr 15 Minuten braten. Beim Rausnehmen mit Olivenöl beträufeln, mit grobem Pfeffer und Meersalz würzen.

• Für die SAUCE die Zwiebel und den Speck kleinwürfelig schneiden und in etwas Öl goldbraun anrösten. Mit der Rindssuppe, der Balsamico-Glace und der Jus aufgießen, mit frischem Majoran, Salz und frischem Pfeffer aus der Mühle abschmecken und 5 Minuten leicht köcheln lassen. Die Preiselbeeren dazugeben.

• Für die SCHWARZEN CHAMPIGNONS die Zwiebel kleinwürfelig schneiden und in etwas Rapsöl goldbraun anrösten. Die Champignons waschen, trocken tupfen, in einem Cutter kleinwürfelig hacken und 10 Minuten stehen lassen. Dann die Champignons zu der Zwiebel dazugeben und mitrösten, mit Salz, Pfeffer und klein gehacktem Thymian abschmecken.

• Die REHLEBER kurz vor dem Servieren mit Pfeffer würzen und in einer Pfanne scharf anbraten (die Leber sollte innen noch rosa sein). Zum Abschluss mit der Sauce löschen, kurz schwenken und mit einem nussgroßen Stück kalter Butter montieren.

ANRICHTEN

Wie bei einer Lasagne, Erdäpfel mit Champignons alternierend, bis zu 3 Erdäpfelschichten aufbauen. Daneben die Leber anrichten, etwas Sauce dazugießen und mit frischem Majoran garnieren.
In unserem Restaurant servieren wir diese Rehleber oft mit Erdäpfelespuma.

SALTIMBOCCA
VON DER REHLEBER MIT KOHLRABIGEMÜSE

ZUTATEN

200 g Rehleber
4 Scheiben Prosciutto
4 Salbeiblätter
Salz, Pfeffer
Frischer Majoran
2 Kohlrabi
1 EL gehackte Petersilie

Salz, Pfeffer
Prise Zucker
1/8 l Rindssuppe
1/8 l Wasser
0,1 l Schlagobers
1 EL Butter

ZUBEREITUNG

- Die Rehleber enthäuten und in 12 dicke Streifen von ca. 1 x 6 cm schneiden.
- Den Kohlrabi schälen und ebenfalls in Streifen von ca. 1/2 x 5 cm schneiden. Die Kohlrabistreifen in der Rindssuppe mit Zucker und der gleichen Menge Wasser ca. 4 Minuten köcheln lassen, sie sollten noch ein wenig Biss haben. Abseihen und den Sud aufbewahren.
- Rehleber mit Salz und frischem Pfeffer aus der Mühle würzen und auf die Prosciutto-Scheiben legen. Gemeinsam mit dem Salbei zusammenrollen und auf Majoran gebettet im auf 160 °C vorgewärmten Backrohr 5 Minuten garen. (Die Leber muss innen rosa sein!)
- Die Kohlrabistreifen kurz in Butter schwenken, mit Salz und Pfeffer würzen, gehackte Petersilie dazugeben, mit Kohlrabisud und Schlagobers aufgießen und ca. 2 Minuten köcheln lassen.

ANRICHTEN

Das Kohlrabigemüse in die Mitte des Tellers geben, darauf jeweils 3 Leberstückchen setzen und mit dem mit einem Stabmixer aufgeschäumten Saft rundherum beträufeln.

Die Archäologen
Das Getreide aufs Korn nehmen ...
... ist seit Jahren die große Leidenschaft von Beate und Walter Brenner!
Beide machten sich nach der Hofübernahme auf die Suche nach authentischem, geschmacklich spannendem und ursprünglichem Getreide. Somit haben sie auf ihrem Biohof dem Dinkel, dem etwas in Vergessenheit geratenen Einkorn, dem Zweikorn oder auch dem Waldstaudenkorn zu einer neuen Blütezeit verholfen!

BIOHOF BRENNER · 3811 Schönfeld an der Wild

LAMM MIT CREMIGEM SALAT UND GEBACKENEM EINKORNKNÖDEL

ZUTATEN

600 g Lammkronen
1 Bund Thymian
1 Bund Rosmarin

1 Häuptelsalat
1/4 l Sauerrahm
Salz, Pfeffer, Zucker
5 cl Himbeeressig
1/8 l Milch
1/8 l Schlagobers
Salz, Pfeffer
1 EL gehackter frischer Rosmarin
200 g Einkorngrieß (Biogrieß vom Biohof Brenner)
1 Ei
4 EL glattes Mehl
6 EL Semmelbrösel
Etwas Rapsöl zum Herausbacken

ZUBEREITUNG

- Für die GRIESSKNÖDEL die Milch und das Schlagobers zum Kochen bringen, salzen, pfeffern, den fein gehackten Rosmarin dazugeben, Grieß einrühren und so lange kochen, bis sich beim Rühren die Masse vom Kochtopf löst. Auskühlen lassen. Aus der Grießmasse 8 kleine Knödel formen, mit Mehl, Ei und Bröseln klassisch panieren und schwimmend in Pflanzenöl backen.

- Für den CREMIGEN SALAT den Salat waschen, vom Strunk befreien, grob schneiden und roh in das Mixglas geben. Sauerrahm, Salz, Pfeffer, Zucker und Himbeeressig dazugeben und fein mixen (mehr Volumen erhält man, wenn man 1–2 Eiswürfel beigibt und mitmixt).

- Die LAMMKRONEN zuputzen, also von Sehnen und Fett befreien. Mit Salz und Pfeffer würzen, in einer Pfanne scharf anbraten und auf Thymian und Rosmarin gebettet im auf 160 °C vorgewärmten Backrohr 15 Minuten weitergaren. Dann ein wenig unter einer Alufolie rasten lassen.

ANRICHTEN

Lammkronen zwischen den Knochen in kleine Koteletts aufschneiden, seitlich ein Knöderl dazugeben, cremigen Salat in einen dekorativen Glastiegel geben und dazu reichen.
Im Restaurant servieren wir dieses Gericht gerne kombiniert mit geschmorter, gratinierter Lammstelze.

GEBRATENE ENTE

MIT ROTKRAUT UND BRIOCHEKNÖDEL

ZUTATEN
FÜR DIE ENTE

2 Bauernenten (küchenfertig)
1 Beifußzweig
Salz, Pfeffer
2 Orangen (mit Bioschale)
2 Äpfel
1/8 l Jus (siehe Rezept Seite 167)

FÜR DAS ROTKRAUT

1 Happel Rotkraut
1/8 l Balsamico
1/8 l Rotwein
1/8 l Orangensaft
1 Apfel
1 Birne
1 Zwiebel (80 g)
2 EL Kristallzucker
2 Lorbeerblätter
1 TL Wacholderbeeren
1 TL Pfefferkörner
50 g kalte Butter
Olivenöl

FÜR DIE BRIOCHEKNÖDEL

300 g Briochebrot, in Würfel geschnitten
1/8 l Milch
3 Dotter
1 Zwiebel (ca. 80 g)
4 EL Brösel
1 EL gehackte Petersilie

FÜR DIE BRATÄPFEL

4 Äpfel
4 EL Butter

40 g Butter

ZUBEREITUNG

• Das ROTKRAUT auf dem Krauthobel fein hobeln und gemeinsam mit Rotwein, Orangensaft, Lorbeerblättern, Wacholderbeeren und Pfefferkörnern in eine Schüssel geben und gut durchmischen.

• Apfel und Birne schälen und entkernen. In ca. 2 cm kleine Würfel schneiden und zum Rotkraut geben. Das Rotkraut zugedeckt mindestens 12 Stunden in den Kühlschrank stellen.

• Die küchenfertigen ENTEN innen und außen mit Salz, Pfeffer und Beifuß würzen, mit halbierten Orangen und Äpfeln (mit Schale) füllen, etwa 1/8 Liter Wasser auf das Blech gießen und in einem auf 140 °C vorgewärmten Backrohr 2 1/2 – 3 Stunden braten. Immer wieder begießen.

• Die Zwiebel schälen und in 5 mm dünne Scheiben schneiden. In einem Topf mit etwas Olivenöl anschwitzen, mit Kristallzucker glasieren, das marinierte Rotkraut samt Flüssigkeit und den Balsamico dazugeben und ca. 1 Stunde leicht köcheln lassen. Kurz vor dem Servieren kalte Butter einrühren.

• Für die BRATÄPFEL die Äpfel waschen, Kappe abschneiden, Kerngehäuse entfernen und mit je 1 EL Butter im Rohr mit der Ente bei 140 °C etwa 15 Minuten braten.

• Für die BRIOCHEKNÖDEL in einer Schüssel Briochewürfel in lauwarmer Milch einweichen. Die Zwiebel feinwürfelig schneiden, goldbraun rösten, ausgepresste Briochewürfel dazugeben, Eidotter, Brösel und Petersilie dazumischen und zu lockeren kleinen Knödeln formen. In Salzwasser leicht wallend garen.

ANRICHTEN

Die Enten aus dem Rohr nehmen, den Bratensaft mit etwas Jus aufkochen und mit 40 g Butter montieren. Die Filets von der Karkasse lösen und zusammen mit einer Keule auf einem Teller anrichten. Das Rotkraut in die Bratäpfel füllen und zusammen mit einem Briocheknödel dazugeben. Mit dem Bratensaft beträufeln.

TIPP: Mit der restlichen Karkasse kann man die nächste Jus vorbereiten.

HÜHNERKEULEN
MIT ERDÄPFELRISOTTO

ZUTATEN

12 Hühner-Unterkeulen
Salz, Pfeffer
Curry
Paprikapulver
Geriebener Kümmel
2 EL Mehl
8 Kirschtomaten mit Rispe
Erdäpfelrisotto
(siehe Rezept Seite 164)
Öl zum Frittieren

ZUBEREITUNG

- Zuerst das Erdäpfelrisotto zubereiten.
- Die Hühnerkeulen zuputzen bzw. zurückkrempeln: oben die Haut einschneiden und diese Haut samt dem Fleisch nach unten ziehen. Mit Salz und Pfeffer würzen.
- Curry, Paprikapulver, Kümmel und Mehl gleichmäßig vermischen und die Hühnerkeulen darin wenden. Die Keulen schwimmend in Öl (ca. 8–9 Minuten) knusprig frittieren.
- Die Kirschtomaten für 30 Sekunden ebenso frittieren.

ANRICHTEN

Das Erdäpfelrisotto in einen Anrichtring geben, die Hühnerkeule darauflegen und dazwischen die frittierten Kirschtomaten setzen. Im Restaurant servieren wir dazu gerne knusprig gebratenen Rucola und beträufeln den Teller mit ein wenig Pesto.

BAUERNHENDL MIT BRIOCHEFÜLLE UND ERDÄPFELSALAT

ZUTATEN

2 kleine Hendl (à 700 g)
Salz, Pfeffer
Thymian
2 EL Butter (Zimmertemperatur)

450 g Briochereste (bzw. siehe Rezept Seite 140)
1 Zwiebel (80 g)
3 Eier
1/2 Bund Petersilie
0,2 l Milch
Olivenöl

1/16 l Geflügelfond
1 EL Butter

Erdäpfelsalat (siehe Rezept Seite 163)
Rosmarin zum Dekorieren

ZUBEREITUNG

- Die Petersilie fein hacken.
- Die Briochereste in 2 cm kleine Würfel schneiden und in eine Schüssel geben.
- Die Milch in einem kleinen Topf leicht erwärmen, zu den Briochewürfeln geben und ca. 10 Minuten quellen lassen.
- Die Zwiebel schälen, zu einer Brunoise (kleine Würfel) schneiden, in etwas Olivenöl in einer Pfanne goldbraun rösten und zusammen mit den Eiern und der gehackten Petersilie zu der Briochemasse geben. Mit Salz und Pfeffer abschmecken.
- Die Hendl innen und außen mit Salz und Pfeffer würzen, mit der Briochemasse füllen, mit wachsweicher Butter bepinseln und im auf 170 °C vorgewärmten Backrohr 35 Minuten backen.
- Die Hendl aus dem Rohr herausnehmen, das Geflügel reservieren, den Bratenrückstand mit dem Geflügelfond ablöschen, am Herd kurz aufkochen und kurz vor dem Servieren mit einer kalten Butterflocke montieren.

ANRICHTEN

Die Bauernhendl mit einem scharfen Messer halbieren, gemeinsam mit dem Erdäpfelsalat auf einen Teller setzen und mit der Sauce beträufeln.

In Schloss Weitra mit Prinzessin Stephanie zu Fürstenberg

GEBRATENER ZANDER

MIT GEMÜSE-KRÄUTER-SACKERL UND SCHWAMMERLN

ZUTATEN
FÜR DEN ZANDER

600 g Zanderfilet
Olivenöl zum Anbraten
Saft von einer Zitrone
Salz, Pfeffer
3 EL Mehl
Grobes Meersalz

FÜR DIE SCHWAMMERL

200 g geputzte möglichst kleine Eierschwammerl
Butter

FÜR DIE GEMÜSE-KRÄUTER-SACKERL

3 Jungzwiebeln
2 EL Butter
1 rote Zwiebel
2 Knoblauchzehen
60 g geputzte kleine Eierschwammerl
100 g Erbsen
100 g Kürbis
1 Bund Thymian
1 Bund Petersilie

ZUBEREITUNG

- Für die GEMÜSE-KRÄUTER-SACKERL die Zwiebel in 1 cm dicke Scheiben, die Jungzwiebeln in 1 cm dicke Ringe schneiden. Den Kürbis in ca. 2 cm große Würfel schneiden. Die Knoblauchzehen schälen und in dünne Scheiben schneiden. Den Thymian rebeln und die Petersilie fein hacken.
- In einer Schüssel geschnittenen Kürbis, Jungzwiebeln, Zwiebel, Eierschwammerl, Erbsen, Thymian, Petersilie und Knoblauch mischen und mit etwas Salz und frischem Pfeffer aus der Mühle würzen. Auf 4 Stück Backpapier (oder Alufolie, ca. 20 x 20 cm) die Gemüsemischung gleichmäßig aufteilen. Je 1/2 EL Butter dazugeben, das Backpapier luftdicht zuklappen und bei 160 °C etwa 15 Minuten im Rohr garen.
- Für den GEBRATENEN ZANDER das Zanderfilet auf der Hautseite einschneiden (damit dreht sich das Filet beim Braten nicht auf), mit Zitrone, Salz und Pfeffer würzen und leicht mehlieren.
- Die 200 g EIERSCHWAMMERL scharf in einer Pfanne mit halb Olivenöl, halb Butter anbraten und mit Salz und Pfeffer abschmecken.
- Den Zander in einer Pfanne mit Olivenöl zuerst auf der Hautseite sehr scharf anbraten. Den Fisch dann umdrehen und mit Alufolie zugedeckt ein wenig nachziehen lassen (der Fisch sollte glasig bleiben). Den Zander mit rohem Olivenöl bepinseln und mit grobem Meersalz würzen.

ANRICHTEN

Die Gemüsesackerl aus dem Rohr nehmen, leicht öffnen und das Fischfilet wie in ein Kuvert schräg hineinschieben. In die Mitte eines Tellers stellen und die gebratenen Schwammerl rundherum streuen.

ZANDERFILET
MIT RICOTTA-BÄRLAUCH-RAVIOLI

ZUTATEN FÜR DIE ZANDERFILETS

4 Zanderfilets à 150 g
1 Zitrone
Salz, Pfeffer
3 EL Mehl
Pflanzenöl zum Anbraten

FÜR DEN NUDELTEIG

400 g Mehl
4 Eier
3 EL Olivenöl
1 TL Salz

FÜR DIE RICOTTAFÜLLE

250 g weicher Ricotta (von Robert Paget)
1 Ei
100 g frisch geriebener Parmesan
100 g gehackter frischer Bärlauch

Etwas Butter und gehackter Bärlauch zum Schwenken
Bärlauch zum Garnieren
Parmesan zum Anrichten
Milchschaum zum Garnieren

ZUBEREITUNG

• Für den NUDELTEIG in die Schüssel einer Küchenmaschine Mehl und Salz geben, dann nach und nach die Eier und das Öl zufügen und mit dem Knethaken zu einem glatten Teig verrühren. Dann den Teig auf die Arbeitsplatte geben und weiterkneten. Es sollte kein Teig mehr an den Fingern kleben bleiben. Diesen Teig in Klarsichtfolie einwickeln und ca. 30 Minuten im Kühlschrank rasten lassen.

• Für die FÜLLE Ricotta, Ei, Parmesan und Bärlauch verrühren und mit Salz und frischem Pfeffer aus der Mühle abschmecken.

• Für die RAVIOLI zuerst den Teig in 4 Päckchen teilen, dann jedes Päckchen mit der Nudelmaschine ausrollen. Zuerst ein paarmal auf der dicksten Stufe, dann immer dünner ausrollen, bis man eine Teigstärke von 1–2 mm erreicht hat. Man erhält so 4 Bahnen von ca. 40 x 10 cm. 2 Bahnen mit je 8 kleinen Häufchen (etwa einem Esslöffel) der Fülle belegen und den Teig rund um die Fülle mit Eiklar bestreichen. Dann die restlichen 2 Bahnen darauflegen, zukleben und den Teig zwischen der Fülle festdrücken. Mit einem Ravioli-Ausstecher 8 große Ravioli pro Bahn ausstechen (oder mit einem Teigrad schneiden) und in Salzwasser kochen.

• Die ZANDERFILETS auf der Hautseite einschneiden und mit Zitronensaft, Salz und Pfeffer würzen. Auf der Hautseite die Filets durch ein Teesieb leicht mehlieren. In eine Pfanne etwas Pflanzenöl geben und die Filets mit der Haut nach unten scharf und knusprig anbraten. Dann umdrehen, 10 Sekunden weiterbraten, vom Herd nehmen und zugedeckt etwa 60 Sekunden ziehen lassen. Der Fisch sollte innen noch glasig sein!

ANRICHTEN

Die Ravioli vor dem Anrichten in einer Pfanne mit etwas Butter und mit geschnittenem Bärlauch schwenken, auf dem Teller verteilen, darauf den Zander setzen und mit etwas Milchschaum, frisch gehobeltem Parmesan und frischem Bärlauch garnieren.

Der Unkonventionelle

Johannes Hirsch ist unkonventionell in seinem Traditionsbewusstsein. Er folgt nicht den Trends: So macht er aus der „Leichtigkeit des Weines“ sein Credo, greift so subtil wie möglich in Weingärten und Vinifizierung ein, liest die Trauben nur in kleine Kisten, vergärt mit Naturhefe, verzichtet auf chemische Eingriffe und konzentriert sich auf die zwei traditionellen Rebsorten des Kamptales: Riesling und Grüner Veltliner. Das Ergebnis ist feine Eleganz, Mineralik und Finesse, die das Terroir widerspiegelt.

WEINGUT HIRSCH · 3493 Kammern/Langenlois

ZANDER-SPARGELGULASCH

ZUTATEN

600 g Zanderfilet
Salz, Pfeffer
1 Zitrone
1 EL griffiges Mehl

12 Stangen grüner bzw. weißer Spargel (diesen schälen)

1 KL edelsüßes Paprikapulver
1/2 Zwiebel oder 1 Schalotte (40 g)
1 Nuss Butter
1/4 l Wasser
1 TL Tomatenmark
1 TL Fruchtessig
1 Spritzer Tabasco

Kräuter zum Dekorieren

ZUBEREITUNG

- Das untere Ende des Spargels abschneiden und etwa 1 Minute in kochendem Salzwasser blanchieren (nicht gar kochen!). In Eiswasser kalt abschrecken.
- Zwiebel schälen, fein schneiden und in Butter sanft rösten, mit Paprikapulver bestreuen, tomatieren und mit Essig ablöschen. Wasser zufügen, 10 Minuten köcheln lassen und mit Stabmixer fein pürieren.
- Spargel in 3 cm lange Stücke schneiden und 1–2 Minuten zum Gulaschsaft geben. Mit Tabasco, Salz und Pfeffer abschmecken.
- Zanderfilet mit Zitronensaft beträufeln, mit Salz und Pfeffer würzen und auf der Hautseite mit einem Teesieb leicht mehlieren.
- In einer Pfanne mit etwas Öl ca. 1 Minute auf jeder Seite scharf braten (es soll innen noch glasig sein). Mit Butter bestreichen.

ANRICHTEN

Das Spargelgulasch in die Mitte des Tellers geben, darauf den Zander drapieren und mit Kräutern dekorieren. Im Restaurant servieren wir dazu gerne einen Erdäpfelring (siehe Rezept Seite 170).

KRENFLEISCH VOM WALLER

MIT ROTE-RÜBEN-RAVIOLI

ZUTATEN

600 g Wallerfilet (weißfleischig)
Saft von einer Zitrone
Salz, Pfeffer

2 Karotten
2 Gelbe Rüben
1 Knollensellerie
100 g Erbsenschoten
1 Bund Jungzwiebeln
1 l Fischfond, selbst gemacht (Keinen fertigen flüssigen Fischfond nehmen, die sind von minderer Qualität! Falls man unbedingt ein „Convenience"-Produkt verwenden möchte, dann sollte man einen asiatischen Fond in Pasten- oder Pulverform wählen.)

250 g Rote Rüben (roh)
100 g Butter
4 EL Balsamico
Salz, Pfeffer
1/2 EL Staubzucker

500 g Nudelteig (siehe Rezept Seite 150)
1 EL Butter

Kren

ZUBEREITUNG

- Für die ROTE-RÜBEN-RAVIOLI die Roten Rüben schälen, in Alufolie einwickeln und bei 140 °C im vorgeheizten Backrohr je nach Größe ca. 50–60 Minuten garen. Herausnehmen und in Würfel schneiden. In einem Mixglas die noch warmen Roten Rüben mit Butter, Zucker und Balsamico mixen. Mit Salz und frischem Pfeffer abschmecken. Mindestens 3 Stunden im Kühlschrank kühlen, es sollte eine etwas festere Masse ergeben.

- Für den WALLER die Karotten, die Gelben Rüben und den Sellerie schälen und in eine feine Julienne schneiden.

- Waller mit Zitronensaft beträufeln und mit Salz und Pfeffer würzen.

- Den Fischfond zum Kochen bringen, die Temperatur reduzieren, den Waller hineingeben und langsam 8–10 Minuten ziehen lassen (der Fisch sollte innen noch glasig sein). Etwa 2 Minuten vor Ende dieses Garprozesses die feine Gemüsejulienne zufügen und fertig garen.

- Den Nudelteig ausrollen und 8 Ravioli daraus zubereiten. Die Ravioli in Salzwasser kochen, herausnehmen, abtropfen lassen und in Butter schwenken.

ANRICHTEN

Den Waller mit Wurzelsud in einen tiefen Teller geben, mit je 2 Ravioli anrichten und frischen Kren darüberreißen.

KÜRBISKRAUTFLECKERL
MIT GEBRATENEM SAIBLINGSFILET

ZUTATEN

4 Saiblingsfilets (à ca. 120 g)
Saft von einer halben Zitrone
Salz, Pfeffer
2 EL glattes Mehl
Olivenöl zum Anbraten

1/2 Happel Weißkraut
300 g Hokkaidokürbis
1 Zwiebel (80 g)
1 Knoblauchzehe
2 EL Butter
Salz, Pfeffer
1 TL Kristallzucker
1 EL Kümmel
5 cl Olivenöl
100 g Nudelteig (siehe Rezept Seite 150)

Frische Kräuter der Saison zum Garnieren

ZUBEREITUNG

- Für die KÜRBISKRAUTFLECKERL das Weißkraut vom Strunk befreien und in 2 x 2 cm große Stücke schneiden. Die Zwiebel und den Knoblauch schälen und in dünne Scheiben schneiden. Den Kürbis schälen und in 2 cm große Würfel schneiden.
- In einer möglichst großen Pfanne, in halb Butter, halb Öl, Zwiebel und Knoblauch vorsichtig rösten, Kraut und Kürbis hinzufügen und hellbraun mitrösten. Mit Salz, Pfeffer und Kümmel würzen. Zum Schluss mit Kristallzucker leicht karamellisieren.
- Den Nudelteig in 1–2 mm dünne Bahnen ausrollen, in 4 x 4 cm große Stücke schneiden und in Salzwasser ca. 2 Minuten al dente kochen. Anschließend zum Kraut geben und vorsichtig vermengen.
- Die SAIBLINGSFILETS mit Zitronensaft, Salz und Pfeffer würzen und auf der Hautseite leicht mit Mehl stauben. In einer Pfanne zuerst auf der Hautseite in Olivenöl knusprig braten, vom Herd nehmen und 30 Sekunden mit der Fleischseite nach unten rasten lassen. Der Fisch sollte innen unbedingt noch glasig sein!

ANRICHTEN

Die Krautfleckerl in einem Anrichtring mittig auf dem Teller platzieren und darauf das Fischfilet setzen. Mit frischen Kräutern der Saison garnieren.
Im Restaurant servieren wir dazu gerne Karottenchips und geröstete Babytomaten.

Bar|Restaurant
BÄRENHOF

BEILAGEN & REZEPTE FÜR DIE DEKO

SCHUPFNUDELN

ZUTATEN

250 g gekochte mehlige Erdäpfel
100 g Stärke
2 Eidotter
Salz, Pfeffer
1 Msp. geriebene Muskatnuss

ZUBEREITUNG

- Die Erdäpfel mit der Schale weich kochen, noch warm schälen und mindestens 12 Stunden kalt stellen.
- Die Erdäpfel mit einer Käsereibe fein reiben und gemeinsam mit den Eidottern und der Stärke zu einem Teig kneten, mit Salz, Pfeffer und geriebener Muskatnuss würzen.
- Nudeln formen und schwimmend in Pflanzenöl goldgelb braten.

WALDVIERTLER ERDÄPFELTALER MIT JUNGZWIEBELN

ZUTATEN

800 g mehlige Erdäpfel
2 Zwiebeln
2 Knoblauchzehen
1 TL Ingwer
1 Chili
60 g Butter
2 Eidotter
0,1 l Schlagobers
Salz, Pfeffer
Geriebene Muskatnuss
3 Bund Jungzwiebeln
Etwas Mehl
Öl und etwas Butter zum Anbraten

ZUBEREITUNG

- Die Erdäpfel schälen, in grobe Stücke schneiden und in Salzwasser ca. 20 Minuten weich kochen. Die Zwiebeln und den Knoblauch schälen und zu einer Brunoise schneiden. Den Ingwer schälen und reiben. Die Chilischote entkernen. Die Jungzwiebeln in feine Ringe schneiden.
- Zwiebel, Knoblauch sowie ein 1 cm langes entkerntes Chilistückchen in einer Pfanne mit Butter leicht rösten, den Ingwer dazugeben, kurz weiterrösten und beiseitestellen.
- Die gekochten Erdäpfel abgießen und ein wenig auskühlen lassen. In einem Topf die Erdäpfel gemeinsam mit dem Schlagobers mit einem Stampfer zu einem Brei verarbeiten. Die Zwiebelmischung und die Jungzwiebeln dazugeben, alles vermengen und mit Salz, frischem Pfeffer und Muskatnuss herzhaft würzen.
- Etwas abkühlen lassen und die Eidotter unterrühren. Kleine Taler formen, mit Mehl etwas stauben und in halb Öl, halb Butter bei niedriger Hitze von beiden Seiten goldgelb braten.

TIPP: Diese Taler kann man wie Blinis verwenden und mit etwas Räucherlachs, Kaviar oder Sauerrahm belegen.

ERDÄPFELKNÖDEL

ZUTATEN

800 g mehlige Erdäpfel
200 g Erdäpfelstärke
Salz, Pfeffer,
Etwas geriebene Muskatnuss

ZUBEREITUNG

- Die Erdäpfel weich kochen, schälen und noch heiß durch die Erdäpfelpresse drücken (keinen Mixer verwenden, sonst wird die Masse klebrig!).
- Stärke dazugeben, mit Salz, Pfeffer, geriebener Muskatnuss würzen und zu einem glatten Teig kneten. Die kleinen Knödel formen und ca. 20 Minuten in kochendem Salzwasser garen.

ERDÄPFELSALAT

ZUTATEN

1 kg Waldviertler Kipfler oder Sieglinde (auf jeden Fall festkochende Erdäpfel)
2 rote Zwiebeln (à 80 g)
1/4 l Rindssuppe
1/8 l Pflanzenöl
1 EL Estragonsenf
1/8 l Apfelessig
2 EL Zucker
1 Bund Schnittlauch
Salz, Pfeffer

ZUBEREITUNG

- Die Erdäpfel waschen und ungeschält weich kochen.
- In der Zwischenzeit Schnittlauch fein schneiden, Zwiebel schälen und zu einer feinen Brunoise schneiden.
- Die gekochten Erdäpfel schälen, in 5 mm dünne Scheiben schneiden und in eine Salatschüssel geben. Die geschnittene Zwiebel, den Senf und das Öl zufügen und vorsichtig mischen.
- Die Suppe leicht erhitzen, über die Erdäpfel gießen, mit Salz, Pfeffer, Zucker und Apfelessig würzen.

ANRICHTEN

Vor dem Servieren fein geschnittenen Schnittlauch darüberstreuen.

TIPP: Erdäpfelsalat niemals im Kühlschrank einkühlen!
Wenn der Salat 1–2 Stunden steht, muss man nochmals nachwürzen.

ERDÄPFELRISOTTO

ZUTATEN

200 g mehlige Erdäpfel
1 Zwiebel
1/8 l Rindssuppe
100 g geriebener Parmesan
Salz, Pfeffer, geriebene Muskatnuss
3 EL Crème fraîche
1/16 l Weißwein
6 cl Olivenöl

Basilikumblätter und
Parmesanspäne zum Garnieren

ZUBEREITUNG

- Die Zwiebel schälen und kleinwürfelig schneiden.
- Die Erdäpfel waschen, schälen, in ganz kleine Würfel schneiden und in kaltem Wasser einlegen.
- Die Zwiebel in einer Pfanne mit Olivenöl glasig anschwitzen. Die Erdäpfel abseihen und zu den Zwiebeln geben, weiterrösten und mit Salz, Pfeffer und geriebener Muskatnuss würzen.
Mit Weißwein ablöschen und diesen fast bis zur Gänze reduzieren. Mit der Rindssuppe aufgießen und unter ständigem Rühren die Erdäpfel ca. 10 Minuten bissfest kochen. Crème fraîche und geriebenen Parmesan unterrühren und mit Salz und Pfeffer abschmecken.

ANRICHTEN

Das Risotto in einen Anrichtring füllen und mit frischem Basilikum und gehobeltem Parmesan garnieren.

MAISPOLENTA
MIT MAISKÖRNERN UND MOHN

ZUTATEN

125 g Maisgrieß
0,2 l Milch, 0,1 l Schlagobers
0,25 l Wasser
1 Stängel Rosmarin
1 Knoblauchzehe
Salz, Pfeffer, Olivenöl
50 g gekochter Mais (evtl. Dose)
1 TL Blaumohn
1 EL Butter
50 g Bergkäse oder Parmesan

ZUBEREITUNG

- Die Milch mit dem Schlagobers und dem Wasser aufkochen. Die Polenta unter ständigem Rühren einrieseln lassen, aufkochen lassen und die geschälten, fein gehackten Knoblauchzehen und den geschnittenen Rosmarin gemeinsam mit Mais und Mohn daruntermischen. Mit Salz und Pfeffer würzen und bei geringer Hitze ca. 7 Minuten leicht köcheln lassen.
- Die Arbeitsfläche mit einer Klarsichtfolie belegen, darauf die Polenta ca. 3 cm dick streichen und mit einem Messer in etwa 4 x 4 cm breite Rauten schneiden.
- In einer Pfanne in 1 EL Butter die Polenta-Rauten etwa 3 Minuten pro Seite goldbraun braten.

ANRICHTEN

Kurz vor dem Servieren grob geriebenen Bergkäse oder Parmesan darüberstreuen.

GRATINIERTER HÄUPTELSALAT

ZUTATEN

2 St. Häuptelsalat
Marinade (siehe Rezept Seite 31)
Salz
Pfeffer aus der Mühle

0,1 l Weißwein, 4 Eigelb
50 ml geschlagenes Schlagobers
4 EL geriebener Parmesan
5 EL Semmelbrösel

ZUBEREITUNG

- Parmesan reiben.
- Salatherzen halbieren und waschen.
- Für die Gratinmasse die Dotter gemeinsam mit dem Weißwein im Wasserbad cremig schlagen und auskühlen lassen.
- Den geriebenen Parmesan und die Semmelbrösel unter die Eiermasse heben und mit Pfeffer würzen. Zum Schluss das geschlagene Obers vorsichtig unter die Parmesanmasse ziehen.
- Jedes Salatherz zuerst mit 1 EL Marinade beträufeln, dann die Gratinmasse auf die Schnittfläche der Salatherzen streichen und unter dem Salamander (oder im Rohr mit Gratinfunktion) goldbraun backen.

ANRICHTEN

Den Salat in der Mitte des Tellers platzieren, rundherum mit etwas Marinade beträufeln und servieren.

ROTWEINZWIEBERL

ZUTATEN

200 g Schalotten
1/8 l Rotwein
Salz, Pfeffer
1 kl. Rosmarinzweig
1 EL Kristallzucker
0,1 l Balsamico
1 EL Preiselbeerkompott
Olivenöl zum Anbraten
1 EL Butter

ZUBEREITUNG

- Den Rosmarin ganz fein hacken. Die Schalotten schälen, fein hacken und in einer Pfanne mit Olivenöl goldbraun rösten. Mit Salz, Pfeffer und gehacktem Rosmarin würzen, schließlich mit dem Kristallzucker kurz karamellisieren.
- Mit dem Rotwein ablöschen und zu einem Drittel reduzieren lassen. Den Balsamico und das Preiselbeerkompott dazugeben und ca. 6 Minuten leicht köcheln lassen.
- Kurz vor dem Servieren mit kalter Butter montieren.

RINDERJUS

ZUTATEN

4 kg fleischige Rindsknochen
4 Zwiebeln (à 80 g)
5 Karotten
5 Gelbe Rüben
1 Stange Lauch
5 Petersilienwurzeln
2 Knollensellerie
3 EL Tomatenmark
1 l Rotwein
1 EL Wacholderbeeren
1 EL Pfefferkörner
4 Lorbeerblätter
3 l Rindssuppe

ZUBEREITUNG

- Die Knochen auf ein Backblech geben und 20 Minuten bei 250 °C ganz dunkel rösten. Die Karotten, den Sellerie, die Gelben Rüben und die Petersilienwurzeln grob schneiden. Die Zwiebeln halbieren und mit der Schnittfläche nach unten in einem Topf mit ganz wenig Öl scharf anbraten. Wurzelwerk dazugeben und ebenfalls scharf anbraten, dann tomatieren (Tomatenmark kurz dazugeben und mitrösten), mit Rotwein ablöschen, Pfefferkörner, Lorbeer und Wacholderbeeren dazugeben und zu einem Drittel reduzieren lassen.
- Mit der Rindssuppe aufgießen, die Knochen dazugeben und das Ganze ca. 4 Stunden kochen lassen, dazwischen immer wieder mit etwas Wasser aufgießen. Durch ein Sieb abseihen und den Fond nochmals bis zur Hälfte reduzieren lassen.

TIPP: Die Jus in Eiswürfelbehälter füllen und einfrieren, so hat man zu jeder Zeit Jus à la minute frisch!

TOMATENPESTO
MIT MOHNSTANGERLN

ZUTATEN

300 g getrocknete Tomaten
30 g Pinienkerne
30 g frischer Parmesan
10 schwarze Oliven
10 Basilikumblätter
1/16 l kalt gepresstes Olivenöl

1/2 kg glattes Mehl
1/2 Pkg. Trockengerm
4 cl kalt gepresstes Olivenöl
Prise Salz
1/8 l Wasser (lauwarm)
1 EL Mohn
Etwas Meersalz

ZUBEREITUNG

- Für das TOMATENPESTO die schwarzen Oliven entkernen, dann zusammen mit den getrockneten Tomaten, den Pinienkernen, dem Parmesan und dem Basilikum in eine Küchenmaschine geben und fein hacken. Zum Schluss Olivenöl beigeben. Es soll eine sämige, nicht zu flüssige Masse werden.
- Für die MOHNSTANGERL in die Schüssel einer Küchenmaschine das Mehl geben, Germ zufügen, leicht mischen, dann Olivenöl, Mohn, Salz und Wasser dazugeben und mit der Küchenmaschine zu einem glatten, kompakten Teig kneten. 1 1/2 Stunden ruhen lassen. Danach dünne Stangerl, ähnlich wie ganz dünne Grissini, formen, mit einem Pinsel leicht mit Wasser befeuchten, mit etwas Meersalz und Mohn bestreuen, auf ein eingebuttertes Blech geben und im auf etwa 160 °C vorgewärmten Backrohr 12 Minuten knusprig backen.

ANRICHTEN

Das Pesto in einen kleinen Glastiegel füllen und mit Mohnstangerln garnieren.

ERDÄPFELESPUMA

ZUTATEN

150 g Erdäpfelpüree
(siehe Rezept Seite 128)
8 cl Rindssuppe
8 cl Schlagobers
2 Isi-Kapseln

1 Isi-Flasche
(1 l Fassungsvermögen)

ZUBEREITUNG

- Erdäpfelpüree zusammen mit Rindssuppe und Schlagobers unter ständigem Rühren kurz aufkochen. Im noch warmen Zustand in die Isi-Flasche füllen, wieder verschließen und zuerst eine Kapsel reindrehen, wieder herausdrehen und die zweite Kapsel reindrehen.
- Entweder gleich verwenden oder im Wasserbad warm halten.

ERDÄPFELRINGE

ZUTATEN

1 dicker festkochender Erdapfel
Butterschmalz zum Frittieren

ZUBEREITUNG

- Erdapfel schälen und in eine Spaghetti-Gemüsemaschine einspannen. (Solche „Maschinen" aus Plastik findet man in jedem guten asiatischen Lebensmittelgeschäft.)
- Die Erdäpfelspaghetti herunterschneiden, dicht um einen kleinen, mit Backpapier umhüllten Tortenring wickeln und im Frittierkorb schwimmend in Butterschmalz bei etwa 140 °C frittieren.

ERDÄPFELSPAGHETTI

ZUTATEN

1 dicker festkochender Erdapfel
Öl zum Frittieren

ZUBEREITUNG

- Erdapfel schälen und in eine Spaghetti-Gemüsemaschine einspannen.
- Erdäpfelspaghetti herunterdrehen und in Öl bei etwa 180 °C frittieren.

GRISSINI

ZUTATEN

500 g Mehl
1 Prise Salz
1/2 Pkg. Trockengerm
4 cl Olivenöl
1/8 l lauwarmes Wasser
1/2 EL Tomatenmark

ZUBEREITUNG

- Mehl, Salz, Germ, Olivenöl, Tomatenmark und Wasser in einer Küchenmaschine mit dem Knethaken zu einem festen Teig kneten. Den Teig portionieren und in ca. 20 dünne Streifen formen.
- Auf Backpapier im auf 180 °C vorgeheizten Backrohr ca. 15 Minuten goldbraun backen.

HIPPENSCHLANGEN

ZUTATEN

100 g Butter
100 g Mehl
100 g Staubzucker
2 Eiweiß
Etwas Öl zum Frittieren
Staubzucker zum Bestreuen

ZUBEREITUNG

- Staubzucker mit Mehl und Eiweiß verrühren und die ausgelassene Butter einrühren. Den dickflüssigen Teig in einen Spritzsack mit feiner Tülle füllen und die Masse wie eine Schlange bzw. wie ein kleines Teigknäuel im Öl ausspritzen und frittieren.
- Mit Staubzucker bestreuen.

KAROTTENCHIPS

ZUTATEN

2 möglichst dicke Karotten
3 EL glattes Mehl
Öl zum Frittieren

ZUBEREITUNG

- Karotten waschen, schälen und mit dem Erdäpfelschäler schöne breite, dünne Streifen runterhobeln. Auf eine Küchenrolle geben und bei Zimmertemperatur ca. 2 Stunden stehen lassen.
- In einem Teller die Karottenstreifen in Mehl wenden, leicht überschüssiges Mehl abklopfen und in heißem Öl bei etwa 160–180 °C frittieren.

PARMESANKORB

ZUTATEN

100 g frisch geriebener Parmesan
4 cl Olivenöl

ZUBEREITUNG

- Den geriebenen Parmesan gleichmäßig in eine Pfanne mit etwas Öl streuen. Vorsichtig goldbraun braten, zur Seite stellen und etwa 30 Sekunden warten. Vorsichtig mit einer Spachtel heben und in eine Darioleform oder eine ganz kleine Schüssel legen und fertig auskühlen lassen.

SCHOKOSCHALE

ZUTATEN

100 g dunkle Schokolade (Kuvertüre)

4 Luftballons (Wasserballons, mit Luft gefüllt)

ZUBEREITUNG

- Schokolade ganz langsam schmelzen lassen (eventuell im Wasserbad) und leicht (etwa auf 70 °C) auskühlen lassen.
- Die Luftballons aufblasen, in die etwas ausgekühlte Schokolade eintauchen und auf einem Kuchengitter auskühlen lassen.

NUSSKEKSE

ZUTATEN

200 g Mehl
1 Prise Salz
400 g Eiweiß (40 cl)
150 g lauwarmes Wasser

Pinienkerne
Sonnenblumenkerne
Kürbiskerne

ZUBEREITUNG

- Mehl, Salz, Eiweiß und Wasser in einer Küchenmaschine mit dem Knethaken zu einem flüssigen Teig verrühren.
- Auf ein bemehltes Backblech streichen, mit Sonnenblumenkernen, Kürbiskernen und Pinienkernen bestreuen und im auf 180 °C vorgeheizten Backrohr ca. 15 Minuten goldbraun backen. Herausnehmen und in große Chips brechen.

ORANGEN-NUSSKEKSE

ZUTATEN

40 g geriebene Mandeln
40 g Butter
40 g Mehl
100 g Kristallzucker
6 cl Orangensaft

ZUBEREITUNG

- Mandeln, Zucker und Mehl vermischen, mit zerlassener Butter verrühren und mit dem Orangensaft zu einem festen Teig kneten.
- Den Teig zwischen zwei Backpapierfolien ausrollen und mit einem Ausstecher Kekse ausstechen.
- Im auf 180 °C vorgeheizten Backrohr 10 Minuten backen.

Bar | Restaurant
BÄRENHOF

NACHSPEISEN

APFEL-KAFFEE-TORTE MIT BEEREN

ZUTATEN FÜR DIE APFELCREME CHIBOUST

1/2 l Apfelsaft
1 1/2 Blätter Gelatine
2 Eigelb
10 g Maisstärke
35 ml Schlagobers (35 g)
2 Eiweiß
50 g Zucker
Etwas Butter

FÜR DAS APFELGELEE

2 Äpfel (ca. 400 g, am besten Reinette)
25 g Staubzucker
75 ml Weißwein (etwas mehr als 1/16 l)
1 Zimtstange
1 Sternanis
2 Blatt Gelatine

FÜR DIE KAFFEEMOUSSE

250 ml Espresso (entspricht 5 Espressi)
1 Vanilleschote
1 Nelke
1 Lorbeerblatt
20 Korianderkörner
1 Zimtstange
75 g weiße Schokolade
2 Blatt Gelatine
1 Ei
10 ml Rye Malt Nougat Whisky (Haider, Roggenreith)
2 Eiweiß
25 g Zucker
1 Prise Salz
280 g geschlagenes Obers

FÜR DEN BEERENSALAT

1 Tasse Erdbeeren
1 Tasse Heidelbeeren
1 Tasse Himbeeren
4 cl Amaretto
Saft von einer Zitrone
100 g Staubzucker

ZUBEREITUNG

- Für das APFEL-CHIBOUST den Apfelsaft auf 35 ml (so viel wie etwa ein halbes Ei) reduzieren. Die Gelatine in reichlich kaltem Wasser einweichen, Eigelb, Stärke, Obers und Apfelsaftreduktion bei geringer Hitze am besten in einem Wasserbad unter ständigem Rühren aufkochen. Die ausgedrückte Gelatine dazugeben und unterrühren.

- In einem Schneekessel die Eiweiße mit dem Zucker zu einem cremigen, aber stabilen Eischnee schlagen und unter die lauwarme Masse heben. Eine passende flache Form von etwa 12 x 25 cm mit einer Klarsichtfolie belegen und mit etwas flüssiger Butter bepinseln. Chiboust lauwarm in diese Form füllen.

- Für das APFELGELEE die Äpfel schälen, vom Kern befreien, vierteln und in dicke Scheiben schneiden. Währenddessen den Staubzucker in einen kleinen Topf geben und bei ganz sanfter Hitze zu einem hellen, noch sehr flüssigen Karamell kochen. Die Äpfel in diesem heißen Karamell wenden, mit dem Weißwein ablöschen und die Gewürze dazugeben. Die Äpfel weich kochen und die Flüssigkeit fast komplett reduzieren. Die Gewürze herausnehmen, das Fruchtfleisch pürieren und durch ein Haarsieb streichen. In 200 g dieser warmen, passierten Äpfelmasse gibt man die eingeweichte und ausgedrückte Gelatine und löst sie darin auf. Das etwas abgekühlte Apfelgelee als gleichmäßige Schicht auf das Chiboust in das flache Gefäß streichen. Das restliche Apfelpüree zum Anrichten aufheben.

- Für die KAFFEEMOUSSE die Vanilleschote aufschneiden und das Mark herausschaben. Die 5 Espressi mit den Gewürzen auf 50 ml reduzieren und die Gewürze herausnehmen. Die Schokolade in einem kleinen Topf über dem Wasserbad schmelzen. Die Gelatine in kaltem Wasser einweichen. Das Ei mit dem Whisky und der Kaffeereduktion über dem Wasserbad aufschlagen. Die Gelatine ausdrücken und mit der geschmolzenen Schokolade und der Kaffeemasse vermengen und auskühlen lassen. Währenddessen die Eiweiße mit Zucker und Salz steif schlagen. Wenn die Kaffeemasse etwas abgekühlt ist, aber solange sie noch nicht angezogen hat, das Schlagobers und dann den Schnee unterheben.

- Die Kaffeemousse auf das Apfelgelee streichen. Das Gefäß zugedeckt mit einer Klarsichtfolie 12 Stunden kalt stellen.

- Für den BEERENSALAT die Erdbeeren vierteln und mit Heidelbeeren, Himbeeren, Amaretto, Zitronensaft und Staubzucker durchmischen.

ANRICHTEN

Chiboust-Torte stürzen, Klarsichtfolie lösen, in Rechtecke schneiden. Mit dem restlichen Apfelpüree einen Spiegel auf dem Tellerboden setzen, in der Mitte die Torte platzieren und mit Beerensalat und Minze dekorieren.

„Vollmohnblüte“ in Armschlag mit „Mohnwirt“ Johann Neuwiesinger

WEISSMOHN-PANNA-COTTA
MIT KIRSCHKOMPOTT

ZUTATEN

1/2 l Schlagobers
80 g Kristallzucker
1 Prise Salz
1 Vanilleschote
2 EL Weißmohn
1 TL Vanillezucker
4 Blatt Gelatine
1/4 l Schlagobers zum Aufschlagen

280 g Kirschen
40 g Zucker
140 ml Rotwein
1 TL Speisestärke

Minze und Hippengitter zum Dekorieren

ZUBEREITUNG

• Für die PANNA COTTA das Schlagobers mit Zucker, Salz und ausgekratzter Vanilleschote für ca. 10 Minuten leicht köcheln lassen. In der Zwischenzeit die Gelatine in kaltem Wasser einwässern, auspressen und zur heißen Schlagobersmischung geben und darin auflösen. Kalt stellen, und zwar so lange, bis die Masse leicht anzieht. Danach Schlagobers schlagen und vorsichtig unter die Masse heben. In geeignete Gläser füllen und für mindestens 2 Stunden kalt stellen.

• Für das KIRSCHKOMPOTT die Kirschen entkernen und gemeinsam mit Zucker und 70 ml Rotwein für 7 Minuten leicht köcheln lassen. Den restlichen Rotwein mit der Stärke vermengen, zu den Kirschen geben und nochmals für 3 Minuten köcheln lassen. Auskühlen lassen.

ANRICHTEN

Das Kirschkompott auf die Panna cotta gießen und mit Minze und Hippengitter dekorieren.

MANGO-MARGARITA

MIT ANANAS UND WALDVIERTLER CHILI

ZUTATEN

1 Flugmango
4 EL Staubzucker
8 cl Wodka
Saft von einer Zitrone
1 l Mangosaft (oder Marillen- oder Pfirsichsaft)
10 Eiswürfel

1/2 Ananas
1 Chilischote
2 EL Butter
4 EL Kristallzucker
2 cl Amaretto

ZUBEREITUNG

- Die Mango schälen, vom Kern befreien und in grobe Stücke schneiden. Mit Staubzucker, Wodka, Zitronensaft, Fruchtsaft und Eis in einem Mixglas zu einem feinen Püree mixen.
- Die Chilischote der Länge nach aufschneiden, entkernen und ein etwa 1/2 cm langes Stückchen ganz fein schneiden.
- Die Ananas schälen, den Strunk herausschneiden, in 2 cm dicke Scheiben schneiden, in Butter und Zucker goldbraun karamellisieren und mit Amaretto abschmecken. Zum Schluss ein wenig von der Chilischote, ein etwa 1/2 cm langes Stück klein schneiden und darüberstreuen.

ANRICHTEN

Die Mango-Margarita in ein Cocktailglas füllen. Die Ananas auf einen Holzspieß geben und über das Glas hängen.
Mit Minze garnieren.

Im Restaurant servieren wir dieses Gericht gerne mit Vanilleeis.

MILCHRAHMTASCHERL
IM STRUDELTEIG MIT RHABARBER

ZUTATEN

250 g Rhabarber
250 g Zucker
1 Blatt Gelatine
1/16 l Himbeersirup
Etwa 1/2 l Wasser

60 g Butter
40 g Zucker
250 g Topfen
10 g Vanillezucker
2 Eidotter
1/16 l Sauerrahm
Saft einer 1/4 Zitrone
3 cl Rum
4 Blätter Strudelteig

Milch und verdünnter Eidotter zum Bestreichen

ZUBEREITUNG

- Den RHABARBER waschen, schälen und in 3 cm große Stücke schneiden. Den halben Liter Wasser mit Zucker 10 Minuten kochen, den geschnittenen Rhabarber dazugeben, einmal aufkochen lassen, den Himbeersirup dazugeben und die in kaltem Wasser eingeweichte Gelatine zufügen, 3 Stunden kühl stellen.
- Für den STRUDEL die Butter mit dem Zucker schaumig schlagen. Topfen, Vanillezucker, Dotter, Sauerrahm, Zitronensaft und Rum dazugeben und abschmecken.
- Die Strudelteigblätter in kleine ausgebutterte Darioleformen legen und mit 1/4 der Topfenmasse füllen. Den Strudelteig mit ein wenig Milch und verdünntem Eidotter einstreichen und im auf 160 °C vorgewärmten Backrohr 15 Minuten backen.

ANRICHTEN

In die Mitte des Tellers das gelierte Rhabarberkompott geben, Topfen-Milchrahmstrudel daraufsetzen und mit Minze garnieren.

MOHN-PANNA-COTTA
MIT MARILLENCROISSANT

ZUTATEN

1/2 l Schlagobers
1 Vanilleschote
80 g Kristallzucker
1 EL Vanillezucker
1 Prise Salz
4 EL Waldviertler Mohn
4 Blatt Gelatine
1/4 l Obers (zum Aufschlagen)

300 g Plunderteig
1/2 kg Marillen
0,4 kg Kristallzucker
1 Zimtstange
Saft einer Zitrone
0,1 l Wasser

1 Ei
2 EL Butter

ZUBEREITUNG

- Die Gelatineblätter in kaltem Wasser einweichen. Die Vanilleschote der Länge nach aufschneiden und das Vanillemark herauskratzen.
- 1/2 Liter Schlagobers mit Vanillemark, Kristallzucker, Vanillezucker und einer Prise Salz verrühren und bei geringer Hitze ca. 10 Minuten leicht köcheln lassen. Danach die aufgeweichte und ausgedrückte Gelatine im heißen Schlagobersgemisch auflösen. So lange kalt stellen, bis die Obersmasse ganz leicht anzieht, aber ohne dass sie fest wird. Schlagobers aufschlagen und vorsichtig unter die gelierte Masse heben! Danach vorsichtig den Mohn unterheben. In kleine Gläser füllen und mindestens 3 Stunden in den Kühlschrank stellen.
- Die frischen Marillen entkernen und zusammen mit Kristallzucker, Zimtstange, Zitronensaft und Wasser in einen Topf geben und unter ständigem Rühren ca. 15 Minuten leicht köcheln lassen. Anschließend die Zimtstange herausgeben, das Marillenkompott mit einem Stabmixer ganz fein mixen und die Masse durch ein Haarsieb streichen.
- Den Plunderteig in Dreiecke schneiden, mit der Marillensauce bestreichen und zu Croissants einrollen. Die Croissants zuerst mit flüssiger Butter, dann mit verquirltem Ei bestreichen. Die restliche Marillensauce aufheben.

ANRICHTEN

Die Croissants auf Steinplatten legen und rundherum mit der restlichen Marillensauce einen Saucenspiegel setzen. Die Panna cotta ebenfalls auf die Steinplatten geben und auch mit etwas Marillensauce beträufeln

Nicht nur Topweine für den „Bärenhof":
Michael Kolm mit Winzer Karl Lagler bei der Marillenernte.

MARONIMOUSSE
MIT MOOSBEERENKOMPOTT

ZUTATEN

2 Dotter
1 Ei
120 g Staubzucker
4 cl Amaretto
200 g Maronipüree, ungesüßt
2 cl Rum
2 Blatt Gelatine
1/2 l Schlagobers

350 g Moosbeeren
4 EL Kristallzucker
0,1 l Rotwein
0,2 l Johannisbeersaft
40 cl Himbeersirup

ZUBEREITUNG

- Für die MARONIMOUSSE die Dotter mit dem ganzen Ei, dem Zucker und dem Amaretto über Dampf schaumig bzw. cremig aufschlagen.
- Die Gelatine in kaltem Wasser einweichen, anschließend in heißem Rum auflösen, zum Maronipüree geben und verrühren. Dann vorsichtig unter die Eiercreme mischen und bis auf Körpertemperatur auskühlen lassen. Das Schlagobers cremig aufschlagen und vorsichtig unter die Maronimasse heben. Etwa 3 Stunden kalt stellen.
- Für das MOOSBEERENKOMPOTT den Johannisbeersaft, den Rotwein, den Himbeersirup und den Zucker aufkochen, die Moosbeeren dazugeben und 10 Minuten zu einem Kompott einkochen lassen.

ANRICHTEN

Die Maronimousse in einen Spritzsack füllen, in kleine Gläser füllen und mit dem Moosbeerenkompott bedecken.

Im Restaurant servieren wir dazu sehr gerne knusprige Mandel-Orangenkekse.

SCHEITERHAUFEN

VON BRIOCHE UND MANGO MIT VANILLESAUCE

ZUTATEN FÜR DEN SCHEITERHAUFEN

1/4 l Schlagobers
8 Dotter
120 g Kristallzucker
1 Mango
300 g Brioche

FÜR DIE VANILLESAUCE

6 Dotter
50 g Staubzucker
1 Vanilleschote
1/2 l Milch

Beeren der Saison und Minze zum Garnieren

ZUBEREITUNG

- Für den SCHEITERHAUFEN zuerst die Royalmasse zubereiten, also Schlagobers mit Dottern und Zucker verrühren.
- Die Mango schälen, das Fleisch vom Kern befreien und in 3 cm dicke Scheiben schneiden. Die Brioche ebenfalls in 3 cm dicke Scheiben schneiden.
- In eine gebutterte und mit Kristallzucker bestreute feuerfeste Schüssel schichtweise Brioche, Royalmasse, Mango, wieder Royalmasse, Brioche usw. füllen, bis alle Zutaten aufgebraucht sind. Im auf 160 °C vorgeheizten Backrohr 20 Minuten backen.
- Für die VANILLESAUCE die Vanilleschote längs halbieren und das Mark herauskratzen. In einem Topf das Vanillemark mit der Milch verrühren und aufkochen. Im Becher einer Küchenmaschine die Dotter mit dem Zucker aufschlagen, bis die Mischung weißlich wird, danach vorsichtig mit der Milch mischen. In einem kleinen Topf (am besten im Wasserbad) etwa bei 80 °C zur „Rose“ (also so lange, bis die Masse dicklich wird) rühren.

ANRICHTEN

Den noch warmen Scheiterhaufen in 5 x 5 cm große Würfel schneiden und in die Mitte eines tiefen Tellers setzen. Mit Beeren der Saison und Minze garnieren. Die Vanillesauce erst kurz vor dem Servieren rundherumgießen.

Burg Hardegg

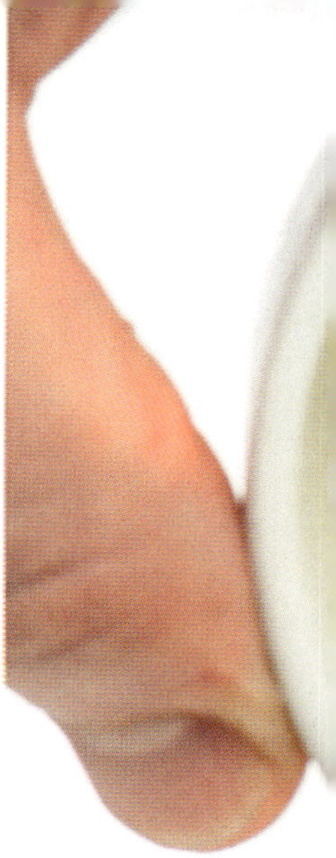

APFEL-TOPFEN-SCHMARREN

ZUTATEN

125 g Topfen
1/8 l Milch
3 Dotter
80 g glattes Mehl
1 Prise Salz
4 Äpfel (vorzugsweise Gravensteiner oder Reinette)
3 Eiweiß
3 EL Butter
4 cl Calvados
2 EL Staubzucker

Minze und karamellisierte Apfelscheiben zum Garnieren

ZUBEREITUNG

- Äpfel schälen, entkernen und in 2 cm dicke Würfel schneiden.
- Eiweiße zu einem festen Schnee schlagen. Dotter, Milch, Mehl, Topfen, Calvados und Salz vermengen und zu einem glatten Teig (wie ein dicker Palatschinkenteig) rühren. Apfelwürfel dazugeben, rühren und Schnee vorsichtig unter die Masse heben.
- 2 EL Butter in eine Pfanne geben und erhitzen, die Schmarrenmasse hineingießen, vorsichtig goldbraun anbraten und im auf 160 °C vorgewärmten Backrohr 15 Minuten backen.
- Danach aus 1 EL Butter und 2 EL Staubzucker ein helles Karamell zubereiten, die Schmarrenmasse aus dem Rohr nehmen, mit einem Holzlöffel grob teilen und in der Karamellmasse noch karamellisieren.

ANRICHTEN

Den Schmarren mit Staubzucker, Minze und karamellisierten Apfelscheiben garnieren.

GEBACKENE KIRSCHEN
MIT MOSCATO-D'ASTI-SCHAUM UND BEEREN

ZUTATEN

20 frische Kirschen

1/8 l Milch
2 cl Cointreau
100 g Staubzucker
4 Dotter
120 g glattes Mehl
4 Eiweiß
Pflanzenöl zum Backen

1/2 l Moscato d'Asti
3 Blatt Gelatine
1 Isi-Kapsel

Beeren zum Garnieren

ZUBEREITUNG

- Die KIRSCHEN vorsichtig entkernen, dabei die Stängel zum Dekorieren aufheben. In eine Schüssel Milch, Dotter, Cointreau und Staubzucker geben und vorsichtig das Mehl einrühren. Eiweiß zu Schnee schlagen und unter die Masse heben. Kirschen durch die Masse ziehen und in Fett schwimmend goldbraun backen.
- Für den MOSCATO-D'ASTI-SCHAUM die Gelatine in kaltem Wasser einweichen, Moscato d'Asti aufkochen und die weiche, ausgedrückte Gelatine darin auflösen. In eine Isi-Flasche füllen, 1 Kapsel hineindrücken und mindestens 3 Stunden kalt stellen.

ANRICHTEN

Auf jeden Teller 5 Kirschen geben, die Stängel hineindrücken und zwischen die Kirschen den Schaum spritzen und mit Beeren garnieren.

GEBACKENE HOLLERBLÜTEN

MIT HOLLERKOCH

ZUTATEN

4 Hollerblüten
3 EL Mehl
3 EL Staubzucker
Pflanzenöl zum Herausbacken

FÜR DEN BACKTEIG

3 Eidotter
1/8 l Milch
80 g glattes Mehl
Salz
Vanillezucker
3 Eiweiß
100 g Kristallzucker

FÜR DAS HOLLERKOCH

150 g Äpfel
150 g Birnen
250 g Zwetschken
400 g Hollerbeeren
1/2 TL Nelken
1/2 TL Zimt
1 Spritzer Zitrone
350 g Wasser
200 g Staubzucker
1/4 TL Stärke, in 3 EL Wasser aufgelöst

ZUBEREITUNG

- Für den BACKTEIG die Dotter mit Milch, Mehl, Salz und Vanillezucker zu einem glatten Teig verrühren. Eiklar und Kristallzucker zu Schnee schlagen und unter die Dottermasse heben.
- Für das HOLLERKOCH Äpfel und Birnen schälen, zusammen mit den Zwetschken in 2 cm große Würfel schneiden und in einen Topf geben. Hollerbeeren waschen und zusammen mit Zimt, Nelken, Zucker, einem Spritzer Zitronensaft und Wasser beigeben und etwa 10 Minuten köcheln. Stärke in Wasser auflösen, zum Kompott geben und noch 3 Minuten köcheln.
- Die HOLLERBLÜTEN in Mehl-Zucker-Gemisch wenden und in den Backteig tauchen, anschließend schwimmend in Pflanzenöl goldbraun herausbacken.

ANRICHTEN

Die Hollerblüten mit Staubzucker bestreuen und mit dem Hollerkoch (Holunderkoch) auftragen.
Im Restaurant servieren wir diese Nachspeise gerne mit einem Beerenausleseschaum.

Barockschloss Riegersburg, Hardegg

NOUGATMOUSSE
MIT PUFFREIS

ZUTATEN

4 Dotter
120 g Staubzucker
4 cl Amaretto
600 g Nougat
1/16 l Milch
4 Blatt Gelatine
1 l Schlagobers
100 g Langkornreis
1 Zimtrinde
Öl zum Frittieren

ZUBEREITUNG

- Für die NOUGATMOUSSE die Dotter mit Zucker und Amaretto über Dampf schaumig schlagen. Gelatine in kaltem Wasser einweichen. Nougat über Dampf flüssig werden lassen.

- Milch erhitzen und darin die eingeweichte, ausgedrückte Gelatine auflösen. Die Milch zum Nougat geben, durchrühren und die Masse zum aufgeschlagenen Ei geben und (etwa auf Körpertemperatur) auskühlen lassen. Schlagobers cremig aufschlagen und vorsichtig unter die Nougatmasse heben. Mindestens für 4 Stunden einkühlen.

- Für den PUFFREIS den Reis in ein Sieb geben und gut durchwaschen. Den Reis mit ca. 1 Liter kochendem Wasser mit der Zimtrinde weich kochen, danach in einem Sieb mit kaltem Wasser abspülen, die Rinde herausnehmen und den Reis locker auf zwei mit Backpapier belegte Backbleche auflegen. Im Backrohr 8 Stunden bei 80 °C trocknen. Den getrockneten Reis in kleine Portionen in sehr heißem Olivenöl zum Puffen frittieren (reichlich Öl verwenden). Den Reis abseihen und auf einer Küchenrolle abtropfen lassen.

ANRICHTEN

Aus Nougatmousse Nockerl formen und Puffreis darüberstreuen.
Im Restaurant servieren wir die Nougatmousse gerne in einer Schoko-Halbkugel.

GEBACKENE NOUGATBIRNE
MIT MANDARINENSALAT

ZUTATEN

4 kl. Birnen
1 Zimtstange
4 EL Zucker
1 Zitrone
300 g Wasser
4 Stück Amarettini (oder ein Stück Butterkeks)
60 g Nougat
Etwas Mehl

3 EL Mehl
120 ml Milch
2 ganze Eier
2 EL Staubzucker

1/4 l Rapsöl

5 Mandarinen
Saft von einer Zitrone
3 EL Staubzucker
2 cl Amaretto

1 Bund Pfefferminze zum Garnieren

ZUBEREITUNG

- Für die NOUGATBIRNEN die Birnen schälen und mit einem Parisienneausstecher von unten aushöhlen. Die Birne soll außen unbeschädigt bleiben. Das Wasser mit dem Zucker, der Zimtstange und der halbierten Zitrone zum Kochen bringen und die Birnen darin etwa 4–5 Minuten bissfest kochen. Anschließend die Birnen kalt stellen.
- Für den TEIG die Milch mit 3 EL Mehl, Eidotter und Staubzucker verquirlen. Eiweiß zu steifem Schnee schlagen und vorsichtig unter die Eiermasse heben.
- Die Birnen mit Nougat füllen, mit einer Amarettini wieder verschließen, in Mehl wenden und anschließend die Birnen durch den Teig ziehen und schwimmend in Rapsöl goldbraun herausbacken.
- Für den MANDARINENSALAT die Mandarinen schälen und daraus Filets schneiden. Diese in eine Schüssel geben, den Rest der Mandarinen (also Haut und Fleischreste zwischen den Filets) auspressen und den Saft zu den Filets geben, mit Zitronensaft, Staubzucker und Amaretto marinieren.

ANRICHTEN

Die Birne in die Mitte eines länglichen Tellers setzen und rundherum den Mandarinensalat verteilen, mit etwas Pfefferminze garnieren.

MASCARPONE-HIMBEER-WÜRFEL MIT HIMBEERSAUCE

ZUTATEN FÜR DIE MASCARPONE-HIMBEER-WÜRFEL

500 g Mascarpone
2 Eier
100 g Staubzucker
4 Tassen frische Himbeeren

4 cl Amaretto
16 cl Espresso
20 Biskotten

FÜR DIE HIMBEERSAUCE

150 g Staubzucker
Saft von einer Zitrone
200 g Himbeeren (eventuell tiefgekühlte)
2 cl Amaretto

2 Msp. Kakaopulver, Minze

ZUBEREITUNG

- Für die Mascarpone-Himbeer-Würfel in einer Küchenmaschine die ganzen Eier mit Zucker schaumig schlagen, den Mascarpone dazugeben und kurz weiterschlagen.
- In einem Teller die Biskotten mit der zuckerfreien Seite kurz (etwa 1 Sekunde) in eine Mischung aus Amaretto und Kaffee tunken. Biskotten, Mascarponecreme und 4 Tassen Himbeeren in Schichten mit den Biskotten beginnend in eine Form geben, den Abschluss bildet die Creme.
- Für die HIMBEERSAUCE die Himbeeren, den Staubzucker, den Zitronensaft und den Amaretto in einen Topf geben und erhitzen. Ca. 4 Minuten köcheln lassen. Mit dem Stabmixer fein mixen, durch ein feines Haarsieb streichen und auskühlen lassen.

ANRICHTEN

Die Fruchtschnitte in ca. 6 cm große Quadrate schneiden und mit Kakaopulver bestreuen. Den Fruchtspiegel auf dem Teller nappieren, einen Würfel in die Mitte setzen und mit frischen Himbeeren und Minze dekorieren.

WALDVIERTLER MILCHSCHNITTE

ZUTATEN FÜR DAS BISKUIT

6 Eier
150 g Staubzucker
4 KL Vanillezucker
6 KL Kakaopulver
100 g Mehl
2 KL Backpulver

FÜR DIE FÜLLE

1/2 l Schlagobers
1/4 l Milch
Prise Salz
180 g Kristallzucker
6 Blatt Gelatine
2 EL Waldviertler Mohn
200 g Schlagobers

ZUBEREITUNG

- Für das BISKUIT die 6 ganzen Eier mit 2 Esslöffel lauwarmem Wasser in einer Küchenmaschine sehr cremig aufschlagen, Staubzucker, Vanillezucker, Kakaopulver und Backpulver zufügen und kurz weiterschlagen. Mehl vorsichtig unterheben. Auf einem mit Backpapier ausgelegten Backblech in einer Größe von etwa 45 x 35 cm etwa 2 cm dick aufstreichen und im auf 160 °C vorgewärmten Backrohr 20 Minuten backen. Auskühlen lassen.
- Für die FÜLLE Milch, Schlagobers, Kristallzucker und Salz ca. 7 Minuten leicht köcheln lassen. Die Gelatine in kaltem Wasser einweichen, danach ausdrücken und in der Milchmischung auflösen, den Mohn zufügen und so lange kalt stellen, bis sie ganz leicht anzieht. Die 200 g Schlagobers aufschlagen und vorsichtig unter die Milchmischung heben.
- Eine Wanne von etwa 20 x 30 cm auswählen. Die Ränder des Biskuits wegschneiden und in zwei Teile von der Größe dieser Wanne schneiden. Das erste Biskuitstück mit der Hautseite nach unten hineinlegen, mit der Milchmasse etwa 3 cm dick bestreichen und das zweite Biskuitstück mit der Hautseite nach oben daraufgeben. Etwa 12 Stunden kühl stellen.

ANRICHTEN

Im Restaurant servieren wir diese Milchschnitte gerne mit etwas süßem Sauerrahm und einem Mangospiegel.

Der Nonkonformist!
Aus einer Träumerei heraus bewirkte der Außenseiter Johannes Gutmann, dass das Waldviertel in nur wenigen Jahren zu einem Mekka der erlesenen und seltenen biologischen Kräuter wurde. Dafür verpflichtete er kleine Vertragsbauern seiner Umgebung, allerlei heimische, oft in Vergessenheit geratene Pflanzen in biologischer Qualität für seinen Betrieb zu liefern, was nicht nur zu erstklassigen Produkten führte, sondern auch der Ausgangspunkt für wertvolle menschliche Verbindungen mit diesen Landwirten war.

SONNENTOR · 3910 Zwettl

WALDVIERTLER ERDÄPFELNUDELN

MIT HEIDELBEEREN

ZUTATEN

1/2 kg mehlige Erdäpfel
200 g Roggenmehl
60 g Weizenmehl
200 g Staubzucker
1 Prise Salz

1 Tasse Heidelbeeren

4 EL Butter
4 EL Staubzucker
4 EL Semmelbrösel
4 EL geriebene Nüsse

Heidelbeeren und frische Minze zum Garnieren
Staubzucker

ZUBEREITUNG

- Die Erdäpfel schälen und vierteln. In Wasser bissfest kochen und abseihen. Die Erdäpfel in einen Topf geben, mit Weizen- und Roggenmehl bedecken, eine Prise Salz dazugeben und im auf 160 °C vorgeheizten Backrohr so lange trocknen lassen (etwa 10 Minuten), bis sich das Mehl an der Oberfläche leicht gelblich verfärbt. Die Erdäpfel aus dem Ofen nehmen, auf eine Arbeitsplatte geben, Zucker beigeben und zu einem glatten Teig kneten.
- Aus der Masse 4 cm lange und fingerdicke Nudeln formen und in gezuckertem Wasser (ein Esslöffel Zucker pro Liter) 10 Minuten leicht köcheln lassen.
- Butter in einer Pfanne zergehen lassen, Staubzucker, Brösel und geriebene Nüsse dazugeben, blond rösten und die gekochten, heißen Nudeln darin wenden.

ANRICHTEN

Die Nussnudeln sternförmig auf einen runden Teller geben, mit frischen Heidelbeeren und Minze garnieren und mit Staubzucker bestreuen.

Im Restaurant servieren wir zu diesem Gericht gerne Vanille-Mohn-Eis und Orangenkekse.

Der Innovator

In dieser alten Roggenanbauregion auf etwa 800 Meter Höhe hat Johann Haider vor etwa 20 Jahren das anscheinend so skurrile, aber sicher einzigartige Projekt begonnen, in seinem ehemaligen Stallgebäude eine Whiskydestillerie aufzubauen. Inzwischen produziert man hier fünf bis sechs verschiedene, wunderbar aromatische Waldviertler Whiskysorten, auch eine Variante aus über Torf geröstetem Getreide.

JOHANN HAIDER · 3664 Kirchschlag

MOHNKUCHEN

ZUTATEN

300 g Staubzucker
50 g Kristallzucker
200 g Butter
12 Eier
300 g geriebener Mohn
140 g geriebene Nüsse
2 Pkg. Vanillezucker
2 KL Zimt

ZUBEREITUNG

- 150 g Zucker mit der weichen Butter schaumig schlagen. Die Eier trennen und die verquirlten Dotter zu der Masse geben. Mohn, Nüsse, Vanillezucker, Backpulver, Zimt und den restlichen Staubzucker in einer Schüssel vermengen. Langsam unter das Butter-Zucker-Dotter-Gemisch mengen. Das Eiweiß steif schlagen und vorsichtig unter die Masse heben.

- Eine Tortenform mit Butter ausstreichen, mit Kristallzucker bestreuen und mit der Masse befüllen. Den Kuchen 1 Stunde im auf 170 °C vorgeheizten Backrohr backen.

SAUERRAHM-ZIMTDALKEN

MIT PUNSCHESPUMA

ZUTATEN
FÜR DIE DALKEN

120 ml Milch
200 g Mehl
2 Eier
4 EL Staubzucker
4 EL Sauerrahm
1 Prise Salz
1 Msp. Zimt

FÜR DIE
PUNSCHESPUMA

1/4 l Orangensaft
1/4 l Rotwein
100 g Staubzucker
1 Stange Zimt
5 unbehandelte Zitronen
5 unbehandelte Orangen
3 Blatt Gelatine

1/2 l Öl

ZUBEREITUNG

• Für die PUNSCHESPUMA Orangensaft, Rotwein, Staubzucker, Zimtstange, Zitronen und Orangen im Ganzen mit Schale in einen Kochtopf geben und ca. 10 Minuten kochen. Zitronen, Orangen und Zimtstange herausnehmen. Gelatineblätter zuerst in kaltes Wasser geben, dann die aufgeweichte Gelatine im warmen Punsch auflösen. In eine Isi-Flasche (Siphon) füllen, zwei Isi-Kapseln hineindrehen und 3 Stunden in den Kühlschrank stellen.

• Für die DALKEN Milch, Dotter, 2 Esslöffel Staubzucker, Sauerrahm und Zimt sorgfältig mischen und langsam das Mehl einrühren. Die Eiweiße mit einer kleinen Prise Salz aufschlagen, anschließend gleich 2 Esslöffel Staubzucker beigeben und zu einem kompakten Schnee schlagen.
(TIPP: Je cremiger der Schnee ist, desto voluminöser werden die Dalken.) Danach vorsichtig unter die Eiermasse heben.

• Pro Portion 2 Esslöffel von der Dalkenmasse schwimmend in Öl herausbacken.

ANRICHTEN

Wie eine Lasagne je 4 Dalken aufeinanderlegen und dazwischen Espuma spritzen.

DAS WEIHNACHTSMENÜ
MIT FREUNDEN

ZUTATEN

2 Bauernenten
(küchenfertig)
1 Beifußzweig
Salz, Pfeffer
2 Orangen
(mit Bioschale)
2 Äpfel

1 Happel Rotkraut
1/8 l Balsamico
1/8 l Rotwein
1/8 l Orangensaft
1 Apfel
1 Birne
1 Zwiebel (80 g)
2 EL Kristallzucker
2 Lorbeerblätter
1 TL Wacholderbeeren
1 TL Pfefferkörner
50 g kalte Butter

Erdäpfelknödel (siehe Rezept Seite 163)

ZUBEREITUNG

- Das Rotkraut auf dem Krauthobel fein hobeln und gemeinsam mit Rotwein, Orangensaft, Lorbeerblättern, Wacholderbeeren und Pfefferkörnern in eine Schüssel geben und gut durchmischen.
- Apfel und Birne schälen und entkernen. In ca. 2 cm kleine Würfel schneiden und zum Rotkraut geben. Das Rotkraut zugedeckt mindestens für 12 Stunden in den Kühlschrank stellen.
- Die küchenfertigen Enten innen und außen mit Salz, Pfeffer und Beifuß würzen, mit halbierten Orangen und Äpfeln (mit Schale) füllen, etwa 1/8 Liter Wasser auf das Blech gießen und im auf 140 °C vorgewärmten Backrohr 2 1/2–3 Stunden braten. Immer wieder begießen.
- Die Zwiebel schälen und in 5 mm dünne Scheiben schneiden. In einem Topf mit etwas Olivenöl anschwitzen, mit Kristallzucker glasieren, das marinierte Rotkraut samt Flüssigkeit und den Balsamico dazugeben und ca. 1 Stunde leicht köcheln lassen. Kurz vor dem Servieren die kalte Butter einrühren.

ANRICHTEN

Die Enten aus dem Rohr nehmen.
Das Rotkraut auf eine Servierplatte geben und darauf die gebratenen Enten platzieren.
Die Enten werden erst am Tisch tranchiert.
Im Restaurant servieren wir dazu sehr gerne karamellisierte Apfelscheiben.

Bar | Restaurant
BÄRENHOF

Rechts oben:
Das Team des Bar-Restaurants BÄRENHOF KOLM:
Lukas Seiser, Stefan Degn, Lisa Weichselbaum, Michael Kolm, Birgit Weichselbaum, Evelyne Gattringer (v. l. n. r.)

BÄRENHOF

BÄRENHOF
Zwettler

Opernsängerin Rotraut Hansmann zu Gast im Bärenhof (li.).

Präsentation des „Theaterweins 2013“ mit den „Staatskünstlern“ Florian Scheuba, Thomas Maurer und Robert Palfrader und Winzer Fritz Wieninger (u.).

Sieben Braunbären genießen im „Bärenwald“ ihren Ruhestand. Die von „Vier Pfoten“ betriebene Anlage liegt unmittelbar neben dem Restaurant Bärenhof.

Das Bärenhof-Picknick als Sommer-Special für Gäste.

BESONDERER DANK
AN MEINE PARTNER
UND AN MEINE FAMILIE

WEINGUT HIRSCH
Hauptstraße 76
3493 Kammern/Langenlois
Tel.: +43 (0) 2735 2460
Fax: +43 (0)2735 2460 60
E-Mail: info@weingut-hirsch.at

WEINGUT KARL LAGLER
Rote Torgasse 10
3620 Spitz
Tel.: +43 (0) 2713 2516
E-Mail: info@weingut-lagler.at

PRIVATBRAUEREI ZWETTL
Karl Schwarz GmbH
Syrnauerstraße 22–25
3910 Zwettl
E-Mail: Karl.Schwarz@zwettler.at

BIERWERKSTATT WEITRA
Sparkasseplatz 160
3970 Weitra
Tel: +43 (0) 2822/500-0
E-Mail: info@bierwerkstatt.at

WHISKY-ERLEBNISWELT
J. HAIDER GMBH
Johann und Monika Haider
3664 Roggenreith 3
Tel.: +43 (0)2874 7496
E-Mail: haider@roggenhof.at

BIOHOF BRENNER
3811 Schönfeld an der Wild Nr. 31
Tel.: +43 2847 84100
E-Mail: Biohof.brenner@aon.at

BIOHOF KURZ
Etlas 19
3925 Arbesbach
Tel.: +43 2813 7601

PETER'S LAND
Hauptstraße 19
3872 Amaliendorf
Tel.: 0664 15 62 183

HOFKÄSEREI ROBERT PAGET
Büffel- und Ziegenkäse-Spezialitäten
Kirchenweg 6
3492 Diendorf am Kamp
Tel.: +43 664 15 40 218
E-Mail: paget.robert@netway.at

SONNENTOR
Kräuterhandels GmbH
Johannes Gutmann
Sprögnitz 10
3910 Zwettl
Tel.: +43 2875 7256
E-Mail: office@sonnentor.at

DER ZUCKERBÄCKER
WOLFGANG FRÖSCHL
Hamerlingstraße 11
3910 Zwettl
Tel.: +43 (0) 2822 52429

DIE AUTOREN

RENÉ VAN BAKEL. 1966 in den Niederlanden geboren. Der international renommierte Fotograf, Journalist und Gründer der Agentur ASAblanca lebt und arbeitet in Wien. Seine Bild- und Text-Reportagen stammen aus mehr als 70 Ländern. 1996 erhielt er den internationalen Pressepreis für Kriegsberichterstattung über seine Reportage in Srebrenica (Bosnien und Herzegowina). 2009 war er mit einem Porträt der Wiener Philharmoniker für den Objektiv Fotopreis in der Kategorie Kunst & Kultur nominiert. Seine Eltern hatten ein Restaurant in den Niederlanden und seine Liebe für die Kulinarik wurde weiters geprägt während seiner Jahre in Italien. Zahlreiche Publikationen. Zuletzt im Pichler Verlag: „So schmeckt das Weinviertel".
www.asablanca.com

ASAblanca

MICHAEL KOLM, geb. 1978. Besuch der Hotelfachschule Krems. Nach spannenden 8 Jahren bei Mraz & Sohn, Wien übernahm er 2004 das in fünfter Generation im Familienbesitz befindliche Gasthaus in Schönfeld, Arbesbach.
2004–2005: Planung des neuen Projekts „Bärenhof" (Restaurant plus Bärenwald in Kooperation mit der Tierschutzorganisation Vier Pfoten); Neueröffnung 2006.
Zahlreiche Auszeichnungen, u. a.:
2008: Einsteiger des Jahres der „Niederösterreichischen Wirtshauskultur" und erste Haube im Gault Millau, die er bis heute Jahr für Jahr souverän erkocht.
2010: Aufsteiger der „Niederösterreichischen Wirtshauskultur"
2011: Aufsteiger des Jahres im Wirtshausführer „Wo isst Österreich?"
2013: 85 Punkte und zwei Gabeln im Falstaff-Gourmet-Guide.
www.baerenhof-kolm.at

BÄRENHOF

LORENZO MORELLI studierte Kunstgeschichte und Archäologie an der Universität Brüssel; die Liebe führte ihn nach Österreich, wo er zunächst für die französische Botschaft Vorträge über Lebensmittel und Wein hielt. Seine Passion wurde ihm zum Lebensinhalt und inzwischen schreibt er über alle möglichen kulinarischen Themen.
Sein Schwerpunkt ist die lebendige Kulturgeschichte des Essens und Trinkens. Lorenzo Morelli lebt mit seiner Frau und seiner Tochter in Hallstatt im Salzkammergut.
In der Edition Styria erschien der Band „Auf kulinarischer Wanderschaft zwischen Paris und Neapel – Rezepte & Erinnerungen eines Genießers"
http://gastrosoph.blogspot.co.at

Elisabeth Lust-Sauberer · Andreas König
Fotos: René van Balkel
SO SCHMECKT DAS WEINVIERTEL
100 traditionelle Rezepte aus dem Land der sanften Hügel
224 Seiten, 17 x 24 cm, Hardcover mit SU
€ 24,99 · ISBN 978-3-85431-621-3
PICHLER VERLAG

Lorenzo Morelli
AUF KULINARISCHER WANDERSCHAFT ZWISCHEN PARIS UND NEAPEL
Erinnerungen eines Genießers
256 Seiten, 22,5 x 27 cm, Hardcover mit SU
€ 34,99 · ISBN 978-3-99011-064-5
EDITION STYRIA

REZEPTREGISTER

IMPRESSUM

ISBN 978-3-85431-649-7

Bücher aus der Verlagsgruppe Styria
gibt es in jeder Buchhandlung
und im Online-Shop
styriabooks.at

Rezepte: Michael Kolm
Text: Lorenzo Morelli
Fotos und Buchkonzept: René van Bakel

Lektorat: Josef Weilguni
Umschlag- und Buchgestaltung:
Bruno Wegscheider

Druck und Bindung:
Druckerei Theiss GmbH,
St. Stefan im Lavanttal

7 6 5 4 3 2 1
Printed in Austria